LOCUS

LOCUS

# catch

catch your eyes ; catch your heart ; catch your mind……

catch 170
簡單生活的寧靜革命

編著　王鵬淩、EJay、陳怡如
責任編輯　繆沛倫
美術設計　IF OFFICE / www.if-office.com
法律顧問　全理法律事務所董安丹律師
出版者　大塊文化出版股份有限公司
台北市105南京東路四段25號11樓
www.locuspublishing.com
讀者服務專線　0800-006689
TEL　(02) 87123898
FAX　(02) 87123897
郵撥帳號　18955675
戶名　大塊文化出版股份有限公司

總經銷　大和書報圖書股份有限公司
地址　台北縣五股工業區五工五路2號
TEL　(02) 89902588 (代表號)
FAX　(02) 22901658
製版　瑞豐實業股份有限公司
初版一刷　2010年11月
定價　新台幣 350 元

Printed in Taiwan

Urban
**Simple Life**

簡單生活的寧靜革命

We Are Beautiful

*contents*

Urban
**Simple Life**

然而，什麼是「簡單」呢？
要解釋「簡單」，其實非常困難。

簡單定義
Simple Definition

Simple Definition

文　簡單生活節製作團隊

此時、此刻　We Are Beautiful

# 簡單生活是什麼？

華人的當代文化，走到了一個前所未有的時間點。

在我們成長的年代，在有限的媒體環境下，接受的是單一價值觀的教育，得到的是經過篩選的資訊。那個年代，大家都住在金魚缸裡，由少部分擁有資源的人，拿著釣竿，往金魚缸裡頭釣魚。有一天，這個魚缸突然被打破了，資訊的隔閡頓時消除了，所有的魚，都在大海裡游著，很多人都拿起魚竿要到海邊釣魚。

我們看著傳統的銷售和傳輸模式瓦解，最顯著而劇烈的例子，就是音樂產業的崩解。被這劇烈的變化以及大量外來的文化強烈的衝擊著，我們一邊為世界的繽紛感到震驚與迷惑，同時也開始思考一些事情。我們思考的，是我們每一個人，身為一個當代都會的住民，在這個資訊自由的城市裡，我們生活的方式，以及生存的意義。

────── 正視過去的忽視

我們長期以來，有一種自卑，覺得自己的地方不夠好，覺得一定要學習外國。當我們檢視這種習慣，發現很多人對於本地的事物抱著蔑視的態度。原來我們過去經常用西方的角度、菁英的角度、歷史主流的角度，來看待、甚至

批判自己。

在資訊開放之前的時代，資源被少數人享有而形成菁英，他們很自然地會用一種高度來看事情，以他人成功的經驗來提出改進的方針，這樣的行為同時也否定了現實存在的意義。所以過去我們本地創作人，經常有一種對自己的不耐、缺乏自信，覺得自己永遠跟不上國外的潮流。

這些負面的情緒，現在已經逐漸得到緩解。全球化反而帶動了各地居民對本地文化的需要和重視，人們需要屬於自己生活的詮釋，而不是用單一的、菁英的、上對下的方式去給每一份創意作品評分。時代變得很不一樣。在以前充滿限制的時代，你經常要為了反抗而創作，但現在你可以從生活的樂趣出發，去尋找創作的力量。

──────── 兩件事情同時在發生

有很長的一段時間，我們都從複製西方生活方式，學習、體驗、找尋自己的生活步調。然而全球化到了現在的程度，我們每天接受資訊的速度跟西方的年輕人是同步的，「複製」反而會讓我們迷失自己。

只剩下一個問題，本土文化的競爭力，到底在哪裡？

台灣的資本規模、創意高度、人才素質能夠與全球的創意抗衡、與西方的強勢文化進行競爭嗎？不管你專注的是哪種內容，創作最重要的，就是針對自己生活中的事物，提出看法。現在的需要，就是找到此時、此地、此刻的生活方式，所提出的各種看法，來取代西方已經產生的各種定義，有一天我們也能脫離那些西方名詞的制約，歸納出完全屬於本地生活方式的各種詮釋。

我們知道，看再多的Sex and the City，打開前門，你家路口依舊不會是5th Avenue。越是接收越多西方的資訊越會發現，我們迫切的需要能夠表達當代、提供自我認同、感受同儕情感的文化內容。我們不能永遠依賴西方的養分活下去，我們需要對自己的生活有回饋、有反應。

過去創業的動機，無非是作大事業、賺大錢。但這個時代，我們看見許多擁有創意和才藝的人，用完全不同的出發點開始自己的事業。可能是基於生活的美學、生活中欠缺的感受、或是單純為了自己的快樂。創業這件事，在這個時代，被注入了新的創造力。如此充滿活力與熱情的創意人正大量的湧現。

兩屆簡單生活節的爆滿，讓我們看見了，對於當代的、本地的生活內容，其實有著迫切的

需要。

兩件事情同時在發生。當代的創意大量產生、對當代創意的需求也大量湧現，形成了這個時代，最迷人的畫面。在過去從來沒有見過的一個風景。

———— 台北的簡單

曾經有一位大陸學者來到台灣，發表了感想：文明和喧囂是成反比的，而台北的平靜與自在，顯然已經是成熟的文明。

我們的生活有很多便利和進步，除此之外，最重要的是我們的人民素質已經達到了人文、自在、平靜以及公平看待他人的文化樣態，台北有這樣的居民，也有許多的創作慾望，對美好事物的渴求，這些素質經過沉澱形成了今天成熟的面貌。許多人已經脫離了西方的或是歷史的眼光，從單純的快樂和生活面出發，從事自己選擇的工作或創作。這樣的生活方式、城市樣貌、時代現象，正是簡單生活節最簡單也最清晰的主張：「做喜歡的事，讓喜歡的事有價值」。

舊時代的菁英，因為享有稀少的資訊，他會想要扮演領導者、教導群眾甚麼才是文化的態度。但當資訊普及，菁英便失去了領導的地位

和獨佔知識的高度，在這個時代已經不能再用競爭的態度來從事文化創作。那些能夠永續發展、長期創作的人們，他們的出發點，都只是單純的因為自己喜歡、並且從這樣的喜愛去創造對他人生活的價值。

弱水三千，但取一瓢。當每個人只取一瓢卻都快樂滿足，這也許是文明城市應有的未來樣貌。我們希望台北能夠維持這樣的文明和平靜，維持這樣簡單的快樂。

文化的競爭力，就來自我們的生活。

———— We are beautiful

幾年過去，當我們看見，有愈來愈多的人，開始重新選擇自己的生活方式，並且充滿勇氣地實踐夢想；當我們聽說，有愈來愈多的創作能量，變成引人注目的焦點；當我們知道，有愈來愈多的小人物，在突破各種逆境後創造了充滿光芒的精彩故事……我們忍不住微笑起來，原來，再雄偉的建築，再驚人的數字成就，再盛大的主題展示，都比不過一種心境上才能到達的美好。

沒有成為巨富的夢想，只有問心無愧的小小自我要求，以及盡力疼惜土地的深深期許，而這樣找到內心平靜，並相對回饋給自己家園的

微小力量，卻為自己和身邊的人，創造了莫大的快樂和感動，讓我們開始明白，一種真正值得嚮往的富有。

而我們其實就是一個擁有這種美好的人群與地方。 更希望在這裡，每個人都能在其他人的專注中，發現自己手上還有的選擇，也能從每一個想哭或想微笑的片刻，重新補足認真面對生活的勇氣，並且找回可以感動自己的能力。

We are beautiful.

當我們擁有自由，並且相信自己。

# 確定屬於你的簡單風格

張培仁 Simple Life簡單生活節發起人、現任中子創新執行長、前魔岩唱片總經理

從2006到2010，兩年一次的「簡單生活節」邁入第三屆，要說起源，很難用單一元素來談，它是由很多起點出發，最後導致出同一結論，其中關鍵就是「跳出單一價值觀」的思考！

———— **世界可以不是最初被賦予的樣子**

我成長的年代是戒嚴時代，傳統的社會價值，要求我們要穿一樣的衣服、戴一樣的帽子、要求我們奉行一致的價值觀。那是一個很難有所謂個人風格成形的年代，也不鼓勵獨立的思考；我們的學校或者師長，也不會鼓勵你去尋找自己真正的興趣或喜歡做的事，總把所有人都納入同一種標準。我從小就不能理解，為什麼所有的人都只能是一種樣子，但是我無法找到答案。直到在西方的搖滾樂、電影裡面，看見西方的年輕人，可以獨立而完整的自我，去創造出屬於年輕人自己的、色彩鮮艷、想像力豐富的文化，這才隱約知道，原來世界可以不是原來的樣子，也許我們也有權利創造和改變。

後來我在從事音樂工作的時候，就嘗試在過程中學習，怎麼讓獨立思考的創作者、風格鮮明的作品，能夠在一個仍然受到保守思維影

響的市場中，成功的說出他們對世界的看法。這個努力時常有快樂的瞬間，以爲世界從此改變，但又經常被保守的環境拉回原點。直到1998年MP3的誕生，以及網路的普及，才開始有了轉變。也許傳統的產業經營模式受到了撞擊因而萎縮，但是大量的資訊，也促使年輕人開始擁有了創作所需要的資訊、知識，掌握了創作的欲望和權力。於是開始思考，在這樣巨大轉變的時代，我們的工作經驗要怎麼轉換，才能繼續發揮價值，不改初衷。

--------- 全球文化浪潮襲擊下，我們是誰？又站在哪裡？

反省的時候發現，我們經常使用的字彙，不管是搖滾、嘻哈、民謠，都不只是一種音樂的形式或者名詞，它都代表了一時一地年輕人的生活方式，有他們自己的態度、哲學和美學。我們過去以來，經常習慣性的複製西方的名詞與形式，但是其實我們是在複製他們的生活。

我們也開始面對另一個問題：到底流行，是由什麼人決定的？媒體經常性的在報導現在流行的事；專家常告訴我們，穿的衣服應該是什麼形式；某年的T-Shirt流行大面積圖案、某年又流行文字Tee。到底這是誰決定的？突然之

間，我們發現，過去我們並沒有決定流行的權力。

在過去資訊封閉的年代，台灣與西方或先進地區的文明有落差，可能有十年以上的差距。於是文化傳播者或產業經營者，就可以緩慢的消化複製西方的形式，讓消費者吸收學習。那時台灣的產業經營者其實也是資訊寡占者，受到國外影響消化後給消費者，很快即造就出流行。所以六〇年代西方民謠搖滾影響了我們的民歌風潮；七〇年代的美式抒情成爲我們八〇年的抒情風潮；八〇年代出現的麥可傑克森、瑪丹娜；九〇年代我們就有了偶像風潮、強調獨立鮮明的發展，我們其實在緩慢的複製學習西方的生活方式。

但是當資訊潮來臨，這樣的時間差開始消失，消費者每個人都擁有即時閱讀吸收全世界文化內容的能力、直接面對各種文化發生源頭的權利，全球文化傾盆倒入我們沒有設防的生活中。所以以前共產主義會說「工人無祖國」；但在全球化的時代，有可能會形成「文化無祖國」。於是，我們比過去，可能更迫切的需要知道：我們是誰、我們的生活眞相是什麼，迫切的需要爲我們的生活找到自己的定義。

我們回頭看，全球的流行文化浪潮，都是當時當代的年輕人，在面對自己生活的欠缺與匱乏，或者熱情與豐盛的時候，擁有一種龐大的

創造能量。藉由多元的創作形式，表達自己對生活的態度與渴望，最後形成一種龐大的文化浪潮，影響到全世界。

當台灣的年輕人，終於擁有了創作所需要的資訊與能力，前述的狀況，有沒有可能改變？我們有沒有可能為自己的生活尋找定義，創造出屬於自己的生活美學浪潮，而擁有真正的文化自信？

─────── 簡單生活節的起點：學習用我們自己的眼光來看自己

在這個時候，我看見了台灣年輕人的轉變。大量的創作在各種領域裡發生，也許初期的時候還容或有一些稚嫩，但這是一個美麗的起點。也看見了另一個轉變，消費者比過去更需要有我們自己文化內容，來證明我們的存在，反應我們的感情。當我們置身在全球文化中，會發現相對應的失落，我想這是《艋舺》、《海角七號》等電影成功的原因。人們開始比過去，更迫切的需要來自自己生活的文化內容，來證明自己的存在是真實的，我們的感情是真實的。

於是，我們終於走到了一個時代，是創造文化內容的年輕人，以及渴望本地文化內容的消費者都可以同時在生活之中創作與分享對土地與生活的感情。市場經濟學如果在談論的是供給與需求的關係，我覺得現在就是生活文化與美學經濟將要盛起的時刻。我們也許有機會可

以創造屬於我們自己的流行，並且影響到更廣大的世界。我們說流行經濟學，其實是說，流行是一種創造市場需求的方式，我希望能推動人們對台灣年輕人生活方式的認同及需求。

在長久的富裕、自由，以及幾代前輩文人與創作者的播種開拓之後，在我們的生活中，一直擁有的人文種子、對土地與生活的摯愛，原來一直存在，而且看起來將會盛開。

我在音樂裡，聽見一種靜水深流的創作力量，在喧嘩的媒體裡看不見聽不見，可是每個做音樂的人，都簡單而專注的，表達自己在這個城市裡行走的旋律；比如陳綺貞、蘇打綠、張懸、盧廣仲、蔡健雅…他們的歌安安靜靜的產生力量，傳播到更遠的地方；我也看見，許多年輕人，開始不再盲目的追求致富與功名，在自己生活的角落，開始自己熱愛的創作。比如「蘑菇」、「0416X1024」、「農麗」、「so that's me」……從音樂、服裝、傢俱、生活製品到友善土地的耕種收穫，看起來不會瞬間成名致富的事，反而讓他們得到了巨大的快樂；但是也在專注的耕耘之後，創造了愈來愈大的市場影響力。

於是，「生活型態節」這樣的概念就誕生了。許多人以為「Simple Life簡單生活節」是一個音樂節，但其實我們想要展出的主題，就是我們的生活本身。音樂是其中至關重要的一個部份，但並不是全部。我們團隊的工作，在文化產業的價值鍊「創作、行銷、銷售」三個環節之中，扮演的是行銷角色。我們期許自己可以行銷台灣美好的生活方式、帶動台灣創作人

才與作品的市場成長；也希望行銷一個價值信念，就是「做喜歡的事，讓喜歡的事有價值」，當你眞正相信自己，就會發現我們的生活中的美麗。— We are Beautiful!

其實，當我們說「做喜歡的事，讓喜歡的事有價值」，如果在美國，可能會被視爲荒謬吧。因爲西方的文明從小就訓練獨立的思考，追求自己的風格，不需要強調生活風格的特性。但是對我們來說，這是我們首次嘗試用我們自己的眼光，審視我們的生活，並且在其中找到驕傲與自信。

## 實現一種理想生活

在第一屆的簡單生活節舉辦的前夕，我和夥伴們與所有演出者以及品牌工作者，都惴惴不安。我並不知道兩天的活動，究竟能不能讓參與的群眾感受到其中的價值。但是第一天一開始，就能感覺到有些事情正在發生；許多人第一次注意到在台灣有這麼多美好的作品；也第一次發現，原來我們有能力，可以去實現更美好的生活方式。我看見了每個人臉上的微笑，在他們身上發現了忠於自己價值與信念的快樂。

簡單生活節希望可以集結台灣最美好的人事物，希望能夠持續的深耕生活美學與價值觀，透過我們的努力，可以讓美好的作品傳播出去。我們也希望，當土地與環境面對各種變遷磨難的時候，環保不再是一種教條，而是每個

人在知道自己眞正想要的，並且得到快樂的時候，減少一點消耗、減少一點浪費。希望我們有能力過一種理想中的生活，並希望自己有能力改變。

1976年12月3日，台灣近代音樂最重要的啓蒙者——李雙澤先生在淡江大學的中山堂，當著所有想要聆聽西洋歌曲的聽眾唱起了一首國語民歌，許多台下的觀眾開始鼓噪不滿。李雙澤先生從口袋裡，掏出一個可樂瓶，砸碎在地上說：「我們要唱自己的歌！」第一屆簡單生活節舉辦的日期是2006年的12月3日，隔了30年之後，我們也許終於能開始說：「我們要過自己的生活！」

後記　在第一屆簡單生活節的時候，我去詢問當時參與分享書房論壇的孫大偉先生他的感受。孫大偉先生一如過往，頑皮的說：「好像看見核彈浩劫後⋯⋯」停頓一下之後繼續說，「⋯⋯發出的新芽。」頓時讓我們團隊熱淚盈眶。孫大偉先生在我們一路的探索過程中給予許多的鼓勵、指導，以及信任。我想在這裡，向我所尊重的、溫暖的、可愛的、智慧的孫大偉先生致上最大的敬意。

# 城市的波希米亞空間

劉維公　東吳大學社會學系專任副教授、台北市政府文化產業發展委員會委員

相信對台北市信義區熟悉的人，都會注意到這個地方出現了令人驚奇的變化。雖然101不再是世界第一高樓，但跨國的百貨公司或國際連鎖品牌與旅店相繼開幕，帶來愈來愈多的逛街人潮與觀光客，爲現今台北市商圈增加了許多活力與可能。同時，在舊社區旁一棟棟拔地而起的新式豪宅，創造了新舊交替的鮮明。然而，與這些世界同步的商場與新穎建築比鄰而居的，卻是一個挑起他們兒時回憶的生活場景。有眷村老房子、錯落的老榕樹、灰白相間的帳篷、新鮮的蔬果，還有源自我們生長的土地的，各式優質食材與手感製品。究竟是什麼因素讓台北市求新求變的信義區增添了一點生活的溫度？答案是一個市集。

「Simple Market簡單市集」位於原是四四南村的台北信義公民會館中央廣場裡。每到假日，市集商人在這裡展售他們五花八門的原創或二手商品，農友們則費心的說明每一個果物背後的生產故事，而消費者則是像尋寶者一樣穿梭在各個攤位中。在市集，買賣交易變成是一種遊玩的行爲。人們對這種樂趣的渴望，使得Simple Market成爲他們的新樂園。

## 城市生活體驗的樂園

居住在現代化的城市裡，我們的生活體驗並沒有因為周遭有更多的購物中心、百貨公司、大賣場、或是便利商店，而變得更為多采多姿。這些賣場的規劃與設計是以有助於生產者管理控制為主要的考量，賣場上的東西大多是標準化、規格化、大量製造的商品。在這些「制式」的賣場裡，消費者所能獲得的體驗是有限的、單調的。「制式」賣場的動線規劃、商店行銷活動規定等的「秩序感」原本是它們的優勢條件，但同時卻也是它們的弱點所在。

我們往往以為，市集的競爭優勢是在於便宜。然而事實上，我們在市集最大的收穫並不是買到最便宜的東西，而是買到不曾看過卻又是自己夢寐以求的商品。這種驚喜的體驗讓不少人愛上市集。

沒有辦法提供驚喜的市集，是存活不下來的。市集是城市生活體驗的製造機。透過個性商品的陳列、現場音樂的演出、街頭藝術的表演等，市集讓體驗高密度的發生。來到市集，每個人都變成是波希米亞人（Bohemian），熱情追求生活的體驗，陶醉在嘉年華的氣氛中。市集的出現讓城市的嚴肅少一點而多一點波希米亞、城市的沉悶少一點而多一點嘉年華。

市集是台灣社會的新生活運動，讓人充滿期待。但是，不可否認的，市集也是殘酷的。絕對不是每一個攤位的產品都會受到消費者的青睞。想要在市集中生存，產品的利基不是在於比價格或是搞噱頭，而是產品的特色與內容。消費者若是想要便宜的東西，只要到39元商店就可以買得到。對消費者而言，他們渴望能夠在市集中輕易地買到具有原創設計、真情故事，以及生活主張的商品。市集是一般消費者實踐其生活風格的補給站。

## 城市生活風格的復興運動

市集屬於城市浪漫的波希米亞空間，而台北市是現今台灣市集復興運動的堡壘。運動的兩大重要推手「牯嶺街書香市集」與「CAMPO生活藝術狂歡節」都是發生在台北。除了「Simple Market簡單市集」之外，台北市常態性的市集場地還有天母生活市集、西門町紅樓的市集、東區的248農學市集等。它們一直展現旺盛的活力。

在台北華山創意文化園區所舉辦的簡單生活節，可以說是台灣市集魅力的最佳見證者。簡單生活節至今舉辦過二次（2006年與2008年），每一次都引發台灣社會相當大的迴響。市集，是簡單生活節的一項核心活動，透過創

意的市集、T恤的市集，甚至放大版的農物製品市場，主辦單位希望以市集的形式讓人們實踐「簡單生活」的生活理念。

這樣的訴求得到民眾熱烈的支持。對於熱愛生活體驗的人來說，這裡聚集了數以百計，帶來各種驚喜的在地生產者、音樂工作者，以及創意文化人，雖然短短兩天，引發的魅力與效益超乎想像，歷屆都有超過2萬人是親自購票入場，將這樣的風潮稱之爲台灣市集的復興運動並不爲過。

Portbello Road與巴塞隆納La Rambla的街頭市集，每年吸引成千上萬絡繹不絕的全球觀光客。在一條條的大街上，人群從一個攤位走到下一個攤位，爲倫敦與巴塞隆納城市的生活魅力著迷。

台灣的城市需要市集競爭力。市集不是落後的象徵，反而是21世紀城市進步的指標。台灣的市集復興運動還有很大的成長空間，需要各界更多的認同與支持。想要提高我們城市生活的魅力指數，我們需要更多的市集！

## 創意城市的競爭力

市集的興盛是一種發展指標，意味著我們這個城市的居民對於生活態度與生活風格的重視程度。一個重視生活的城市，一定是一個有特色的城市，具有其他城市所沒有的優勢競爭力。在全球城市激烈的競爭環境下，缺乏特色等於是缺乏競爭力。

近年來，台灣致力於打造創意城市。在此一目標上，人們往往以爲，創意城市就是推動大型的開發案，因而忽略了更基本的工作，那就是創造城市生活風格的魅力。市集，是城市風格特色的營造力量。

全球先進的城市都有發達的市集活動。倫敦

詹偉雄　學學文創志業副董事長、《數位時代》總主筆

# Power of 簡單

這十年，如果你生活在台灣，應該可以感覺到：「簡單」這個概念，好像愈來愈有力量；放眼你我身邊，愈來愈多人欣賞、支持、認同「簡單」，更想身體力行地參與這個概念，把「簡單」變成日常生活的行動準則。

### ────── 經歷「不簡單」的痛苦

然而，什麼是「簡單」呢？要解釋「簡單」，其實非常困難；為什麼很難？這是因為在這十年間，我們並不是直接地感受到了「簡單」有多美，才使我們擁抱這個概念，反而是我們共同經歷了許多「不簡單」的痛苦，從而使我們「驀然回首」，由事與物的對立面，領略了「簡單」的真理感，這是一種很在地的感受。

### ────── 一以貫之者 成新英雄

第一種「不簡單」的痛苦，是由「扮演」、「表演」（performance）所建構的「虛假」（pretense）。美國社會學家高夫曼（Erving Goffman）在上個世紀六〇年代就指出：現代人的生活既有「前台」，也有「後台」，人們在前台是順應著社會的期許而演戲，但在後台則

是剝下面具，貨真價實地進行利益的交換與鬥爭，因而每個人既是演員、也是觀眾。原本，「表演」是社會默認、降低彼此緊張的一種普同的生活形式，但當政治人物將它變成一種例行化的利益交換形式（譬如人們相信「三級貧戶」出身的政治精英，將比任何人都廉潔，而事實則恰好相反），或者某些隱密的「後台」成為公開的「前台」（譬如「三井宴」）之時，社會油生的「不潔淨感」可想而知，此時，那些能把「後台」與「前台」一以貫之、簡單至極的人，反而成為社會孺慕的新英雄。

### 拋專業抽象 擁抱純真

第二種「不簡單」的痛苦，是因為日趨「專業」、「抽象」的生活，所衍生的「困難」（difficulty）以及「複雜」（complexity）。隨著社會的分工化，我們不免都成為靠某一個專業謀生的專家（expert），但生活卻也高度仰賴其他的專家（譬如理財專員、醫師和藥物食品檢驗局官員），在承平之時，各專業的人建立自己的行話（jargon）系統、劃定知識的邊界，將自己鞏固在「抽象論述」所構築的封閉堡壘中，而一旦危機之時，這些抽象論述又轉而成

為卸責與諉過的工具。因而，當我們怎麼努力也弄不懂「連動債」、「三聚氰胺」、「CDS」與「ppm」的時候，我們會開始擁抱那些「單純」、「單一」、「原貌」，透過直觀判斷可具體感知的產品與服務（農戶自產的米、單一原料釀的酒、定期存款），這就是困難和複雜所催生的「簡單」，它具有英語世界裡「authenticity」這一字詞所含有的「原本純真」之意。

### 找回主體性 解放心靈

第三個「不簡單」痛苦，是「過量」（excess）所帶來的「累贅」（redundancy）與「遲鈍」感。我們的生活中滿盈著的是供給過剩的物質、重複的名嘴爆料、相互抄襲的娛樂節目橋段、千篇一律的勵志成功故事……，我們開始偶爾地希望家裡的東西少一點，心靈的空間因而可以大一點，進而學著跟自己的偶然心思和悸動相互對話——透過「簡單」這個程序，讓我們自己在和社會拔河的過程中，找回一點「主體性」，也就是找回「自己決定自己生活方式的自由」，這裡的「簡單」，具備著「少，才是多（less is more）」的「解放」的意涵，是讓人變新鮮、變得有感覺、變得有創意的過程。

## ━━━━━簡單生活節 期待改變

　　雖然「簡單」不那麼容易言詮，但說也奇特，
往往當歌手們一開始唱歌，「簡單」這概念所要
的「一以貫之」、「原本純眞」和「解放」，就全
部譁然湧現，這是台北「簡單生活節」（Simple
Life）能吸引那麼多市民的原因，也許，我們
也唯有在這樣一個活動裡，才能見識到彼此是
多麼地期待世界改變；原來，「簡單」也是一種
「改變」的召喚……

Urban
Simple Life

當你有那麼一點點的不確定，自己是不是找到了生活的樣子，
也許先努力看到自己美麗的價值，專注自己所選擇的生活，
我們漸漸會變成頻率相同的人，為簡單的事感到快樂。

簡單對談
Simple Conversation

*Simple Conversation*

物質簡單
精神豐富

對談：嚴長壽 ╳ 張培仁

被譽為「飯店教父」的嚴長壽先生是台灣觀光的領航人，

他以第一線從業人員的視野，

剖析物質生活與精神生活的關係。

2009年國家競爭力論壇發現，金融風暴下的台灣個人平均所得大幅衰退，然而個人的快樂指數竟然逆向上升5個單位。快樂與金錢之間已不是必然的等號關係。在日益趨向小康的台灣社會，下一步難道就只有把自己變成「巨富」這樣的選項嗎？

### ——— 不要硬體城堡

嚴長壽：我不希望台灣只是一個硬體建築物堆砌的城堡，台灣的成就主要來自於軟實力的成就，這些成就都是長期累積而來。我們台灣很習慣用金錢跟人比較成就，其實大可不必如此，我們已經到了小康家庭的成果，難道下一步一定是要讓自己變成巨富嗎？台灣應該追求一個更自在的生活，而不是急功近利的生活。

更進一步的是，這幾年來的節能減碳的風氣，我很早之前，在杜拜成立的時候，我就大力抨擊，我無法想像，人類需要花這麼大的成本在一片沙漠的地方蓋這樣的大樓，用這麼高的成本做這麼奢華的享受，人類的暴發戶的心態在四處發酵。人類將來的趨勢是：物質的需求會往下降，未來富人和窮人可能都買一樣簡單的衣服，不需要用名牌來炫耀自己，在此同時，將來大家的精神生活是會往上昇的，像是

音樂、設計、創作、生活。台灣最應該把握就是這個。

張培仁：當年音樂有個很有名的人叫李雙澤，1976年12月3日在淡江大學中山堂砸可樂瓶，說我們要唱自己的歌，就是企圖找到我們對生活的態度。

事隔三十年之後，第一次簡單生活節是2006年12月3日，我們嘗試在表述我們要過我們的生活，之前我們的生活受到歐美、日本的生活影響，常對自己的生活不滿意，就像你剛說的，當物質達到一個地步的時候，會對生活有自覺，開始為自己的生活下定義，而不是被西方牽著走。

### ——— 找回生活方式

張培仁：兩岸現在這麼密切的交往，看到對岸有奧運、世博這麼龐大的活動，突然進入比較的時候，台灣開始有些迷惑、不確定。

嚴長壽：當你看遍各種生命的過程，再回頭尋找自己，這種感覺完全不同。像現在花東，很多高科技、專業經理人、建築師，他們放棄了原本優渥的生活回到故鄉，像巴奈原本在台北每

天唱，現在回到故鄉。很城市的板模工人現在回到家鄉做漂流木雕刻，他們找到自己自在的生活方式。

我們常自己給自己訂了一個生活模式，你就非要達成那個目標，被限制住了。像是跟人比較住什麼房子、開什麼車子？但實際上，我們應該要在乎自己是不是真實享受每一天，是不是快樂。

張培仁：現在的年輕人應該要經歷更多生命過程，讓自己的視野更遼闊，多一點自信，都經歷過之後，才能找到自己想要做的事，並從這些事裡面得到快樂，而不是很狹隘地認為自己很了不起，需要從生活逐步地去累積。

### ——— 建立公益平台

嚴長壽：建立台東的鐵花村最早是從珍惜花東的土地這種想法開始，想替台灣保留花東的人文景觀，像原住民的藝術家、文化，如果冒然的用西部人的觀點複製到當地，會有點可惜。這是遠因。

近因是八八水災後，大量資金和物質湧進災區，大家都是錢丟進來就走掉了，沒有永續性的經營。我發現真正的問題是，部落的結構問

題,中堅分子都離開部落到城市工作,所以我們要想辦法把人留在部落。

這不是營養午餐、不是住的問題,是要幫原住民朋友找到一個舞台,一條回家的路。八八水災後,台東成了災區,幾百間民宿都沒人去了,立刻影響到這些產業,台東就更留不住人了。

我想到的第一個就是去幫助這些產業,幫助他們行銷、包裝,也幫他們跟政府請求能不能利用這些漂到河口的漂流木做些藝術品雕刻,遠一點的就是爭取香港、日本等班機直飛到花東。我想設立一個平台,把菁英人才引領回自己的家鄉。

張培仁:我這幾年在中國看到的問題也是如此,所有的人到城市,都帶著錢的夢想,而沒有愛的建設,這些離開故鄉的人在都市裡很難找到自我和找到成就感,當然也就不快樂。其實,簡單生活節的目的也是如此,希望每個人回到生活裡面,緩慢地過生活,不要急功近利追求財富,也許得到的快樂會更多。

## ——— 陋巷中有春天

嚴長壽:台灣本來就是一個大櫥窗,只是很多時候櫥窗很散,是陋巷中有春天,十步內必有芳草,這是自我解嘲。另一方面也是一種真實現象,很多人都在各個角落經營自己的一方之地,簡單生活節就是把這些人整合起來,只要大家再加把勁,每一個陋巷都可以是長久的Simple Life。

像台東的鐵花村是利用舊房舍改建,當時整個台東市一到晚上都暗下來,需要一個地方晚上點亮起來,現在鐵花村晚上亮了,旁邊也有計劃開始執行了,正是陋巷中有春天的寫照。

張培仁:很多大陸朋友說,台北哪裡好,房子都破破爛爛的,都沒新的。我的台灣朋友就反駁,你們在北京找不到一間十年的咖啡館。在台灣有很多超過十年、二十年的店,外面是舊的,裡面反而有承傳的內容。現在這個時代,只要能用錢做得到的事都沒什麼價值,反而是有傳統、有故事的、有過程的東西,是錢換不到的,這就有價值了。

這就是台灣十步之內有芳草的優勢。像鐵花村如果蓋了帆船飯店,這怎麼會對?人和傳統生活融合在一起才有生命力。(整理:萬金油/攝影:阿吱)

Simple Conversation

發現自己的美好
專注自己的生活

對談：李宗盛 × 張培仁

創作過無數膾炙人口的好歌的知名音樂人李宗盛，
這幾年積極投入吉他的製作。
簡單生活應該如何貫徹在生活的各個層面，
他說出這幾年的想法，與大家分享。

「老弟，這事是對的，你就繼續幹。」這句話
是張培仁一開始做簡單生活節時，台灣資深創
作音樂人李宗盛對他說的話。近年來，李宗
盛埋首音樂吉他的製作，讓自己專注在一件事
上，也在無形中讓生活回歸最簡單的型態。

——— **突顯自身美好，自己就是好品牌**

張培仁：這些年你在國外住過不少地方，幾乎待
遍所有華人圈，對於各個不同地域的華人生活
圈，你個人有什麼心得、想法？

李宗盛：的確，我離開台灣約有十多年，這期間
在世界各個不同華人世界都待過，但最後深深
覺得，台灣是所有華人生活圈中最適宜居住、
生活、成長的地方，但很多居住於台灣的人卻
沒有意識到這點，這是很可惜的事情。我覺得
台灣人需要發現自己的美，對自己有信心，不
要凡事都和別人比。

張培仁：我很贊同你的觀點，但是「比較」似乎很
難避免，台灣的政治、社會還是不時傳出令人
擔心的紛爭，你如何看待這個部分？

李宗盛：這點我並不擔心，因為台灣這麼好，有

這麼可愛的一群人,即便有吵架、爭執、翻臉,如果是為了生活價值和態度,那也是值得。重點在「活出自我的價值」,台灣社會經歷各種變革、富裕及民主掙扎,如今仍不斷往前,我認為全世界華人圈都很羨慕台灣,羨慕這塊土地對人的尊重程度,以及所有人都有共同一致的追求目標。台灣已突破很多框架,在台灣,你能擁有比其他華人地區更廣的自由,所以我才一直強調,台灣不要硬去和誰「比較」。我常舉個有趣的例子,有一次我坐飛機時遇上一位美女,她本身的容貌、氣質都很棒,但一下飛機後行李打開卻塞滿名牌包,我反而失去興致了,我不是說用名牌不對,而是覺得她本身就很美好,不需要靠大量使用名牌來證明什麼。「台灣」這位美女也是如此。

——— **讓簡單成常態,潛藏生活中**

張培仁:你覺得簡單生活節存在的價值和功能性是什麼?

李宗盛:簡單生活是要追求尋找自身的美好,這得先擁有自信才行,也是台灣社會該要有的,其次是保有從容的態度,當然很多人說台灣一直有不少紛擾、爭吵發生,但這多半是媒體局

部放大渲染，當你關掉電視回歸生活，這些東西是離你很遠的。所以我說：「專注於自己的生活非常要緊。」

今天我們會提倡簡單生活，是因為它還不是常態，但在先進社會，這些事二十四小時在發生。每兩年一次的簡單生活節則透過活動不斷提醒我們，把台灣的美好價值突顯，當這股風潮聚合，自會形成力量，相信這價值的人愈來愈多，以後就不會只是「event」，而能成為生活的一部分。

──── **簡單專心，成就一件對的事**

張培仁：站在一個音樂人的角度，你參與過先前簡單生活節時，有什麼是你覺得最欠缺不足或最是你最令欣賞的？

李宗盛：簡單生活節納入各領域的專長者，但我覺得，其中我所處的音樂領域反而最不精采，我走去看別的攤子時會心虛，因為音樂人在諸多參與者中仍屬於擁有較豐沛的資源者，所以我希望簡單生活節裡，這些不同領域者能有更多作品的出現，這是我的期待。

很多在事業上成功的人，都具備簡單、恭厚的要素，這正好符合我為簡單生活下的定義：「專心致志，簡單生活。」讓自己內在簡單，專心做好一件事。例如你只會打鐵你就專心做鐵匠；會做麵包，就做個頂尖師父。我年輕時講話沒人聽，但寫歌反而引起共鳴，所以我就透過寫歌讓自己變得更美好。目前我在學製作吉他，過程中勢必得有所取捨才能專心達成，因為人的能力有限，成功者並非是有諸多選擇或能力，而是他專心所會的事，並且從中找到自我與快樂。（整理：黃駿輝／攝影：阿吱）

*Simple Conversation*

看到自己的
美麗價值

對談：安郁茜 × 張培仁

實踐大學設計學院前院長安郁茜被稱為「當代最會說故事的女建築師」，
她在這場對談中，以她多年從事教育的熱情，
跟大家分享了她對年輕世代的觀察。

華人文化背著太多包袱，傳統不夠浪漫，已經是先天不足，在資訊革命帶來的混亂爆炸後，除了複製拷貝之外，台灣年輕人還有什麼方法另創新局？把這些複雜都釐清，看到本我的價值觀，簡單生活，是很多選擇過後，讓自己更快樂的生活美學。

### ———— 不要被傳統打敗

安郁茜：亞洲人——不是只有台灣人，有極高的服從意識，所以夠浪漫的人就變大盜、流寇，我們對於浪漫的負面意義大過正面意義。事實上在這個年代亞洲會有這麼多人開始覺醒跟革命，是因為網路的關係。這些人跟著全世界的青年一起成長，因此你心裡會有呼喚說，為什麼我不能這樣生活？身為亞洲人，這一點很難有一個結論，因為我們仍舊處在一個很堅固很強大的社會結構下面，即便你的腦袋跟資訊都已經伸出去了。

反倒是像 Landy 你所帶領的簡單生活節執行團隊，你們是內部呼喚很強的一群人，你們覺得這件事一定得成立，每個人心底都有這個欲望，於是努力地把這個抽象的思考變成一個真實的事情在生活裡面發生，具體的實現出來。這背後是經過詳盡的策劃，面對選擇的複雜與

艱難，但因為清楚瞭解你們最終要傳達的價值，於是成功的做了出來。

所以，我常跟學生講一件事，你一定要了解你的特質是什麼，你要很小心的呵護觀察栽培，放到對的位子，前置作業弄得稍微複雜一點，你去看你該看的書，走你該走的路。

張培仁：這個說起來，就跟我們想做這個事情的原始動機有點關係，因為安老師講的這些過程我也經歷過。

我在戒嚴時代長大，社會上的價值觀就是一個你奉行不變的準則，求學就業娶妻生子升官發財，那個壓力下我剛好接觸到搖滾樂，聽這些東西時順著路看過去，你就看西方世界年輕人有各式各樣自我的表達，這是一種色彩鮮艷的想像。這時你再回來看自己灰暗的生活，就會忍不住質疑，為什麼我的生活裡不能這麼色彩鮮艷？我的動機來自這個地方，我一方面在對抗、一方面在慈悲，對抗看不起我的人，或覺得我們做的事情很奇怪的人。

———— 讓喜歡的事有價值

安郁茜：資訊革命是比工業革命還要可怕的革命，當黑盒子的祕密愈來愈少，每個人在知識

上是平權的，你來這邊（簡單生活節）帶一點培養土回去，來培育你自己，這是一個不需要戰爭的革命，以前的人升官發財，現在的人找自己，但找自己不見得不升官發財，只是它不是原來的目的！

就算不升官發財，我已經得到另外一大部分滿足了，萬一它真的讓人升官發財，那也很好啊！如果不要，還是可以說不要啊，所以它是一個自我圓滿的完整，這已經比較接近佛家了，是一個我的圓滿。我們需要重新整理，審慎的釐清你的條件、你的限制、你的願望，然後謹慎做安排，接下來生活就很簡單，因為你是自我圓滿，它該怎麼樣就怎麼樣，該發財就發財，該升官就升官，它該量入為出就量入為出啊，這個年代的社會還沒有餓死人的，我覺得這才是一個健康的方向。

張培仁：安老師剛剛講的，是簡單生活節真正最源頭的東西。比如說我們的slogan ——「做喜歡的事，讓喜歡的事有價值」，對華人這個民族來說是很難。前幾代成長時，他們經歷過的都是家裡米缸沒有米，但到這一代，米缸美不美才是問題——或是米缸裡是不是我喜歡的米。人開始有選擇的權力，而且因為資訊革命，你的選擇增加，在這麼關鍵的時候，在這麼複雜的資訊裡面，你怎麼回到本我，決定自

己的價值跟自己要什麼，當你決定以後，你的人生會變得比較簡單。

所以簡單生活是最快樂的事，那快樂是因為你知道是誰、你要什麼。而當你做到的時候，你不是為了功名利祿的出發點出發，你回到自己的本我去創造自己的價值，可以分享，又可以回收又能夠賺到錢，這件事情的快樂是沒有辦法比較的。

### ——— 人要決定自己怎麼活

安郁茜：回過頭來講，簡單生活並不簡單，其實是腦袋裡的自我革命，我要重新reset我的program，我就是我，我今天可以去種田，去航海，捕魚，但不會因為一件事失敗，比不上別人，我就那麼難過。我們很少為別人的好喝采，台灣建築師甚至不願意發一個獎給工程師！

張培仁：現在這個社會價值觀改變了，種稻的達人崑濱伯變成大家都尊重的人，以前農夫怎麼會被尊重？這種事情到大陸香港講給某些人聽，他們是會哭出來的。我們做完第一屆簡單生活節有個事情發生了，我不知道那事跟我們有沒有絕對關係，可我還是很快樂，二〇〇八

年台灣競爭力論壇做了一個台灣幸福指數的分析，在二〇〇七年金融風暴的情況下，台灣的幸福指數提高五分，所得是降低的、快樂是增加的，這才是成熟的文化。

你的快樂與否跟金錢多少並沒有絕對關係，而是你真的知道快樂是什麼，而且你能夠身體力行。這個事情，我覺得就是台灣現在最好的價值，比起兩岸三地，台灣只剩下這個東西是有價值的——人對自己的決定權力。

資訊革命開始到現在不過十幾年，又發生了中國崛起、首爾的澎湃，我們原本相信自己的價值，慢慢在富裕裡頭享受去尋找自己價值機會的時候，開始出現比較級，開始出現快速致富的人、快速升高的建築、各式各樣的數字，我們以前的價值在混亂的資訊裡再度面對考驗。所以第三屆simple life的slogan叫做「we are beautiful」，就是你真的要回到自己的生活看自己的價值，你真的不需要因為外面的這些資訊而迷惑，不要相信你變成那樣會比較快樂，你還是要回到原點。（整理：王大福／攝影：阿吱）

*Simple Conversation*

替自己的
生活下定義

對談：劉維公 × 張培仁

劉維公集多項身分於一身，包括東吳大學社會學系專任副教授、實踐大學工業
產品設計研究所兼任助理教授、中華民國藝術文化環境改造協會理事長……
作為台灣風格社會論述的推動者，他看到 Simple Life 的感觸是什麼？
他怎麼評價這個活動？

台灣的以往的大型活動如媽祖繞境，都是以
宗教習俗、傳統節慶為主，簡單生活節則是第
一個以生活型態為訴求的活動，把態度轉換成
為活動的內容，由此引發認同，這也展現了我
們與中國大陸消費品味與主軸的不同。這可以
說是它的時代意義。

劉維公：我想知道，為什麼簡單生活節這個活動
是每兩年才舉辦一次呢？

張培仁：台灣創意品牌的成長沒有那麼快，如果
每年都做，我們擔心會消耗創意的能量。兩年
一次，比較能讓內容更新幅度大一些，讓品牌
有足夠的時間準備。

文化的本質，就是生活。我們希望這時代的
生活，能夠讓後世的人會說：「啊，這樣活真
好！」只是，政府很少教我們怎麼生活，教育
中只填充了教條主義或升官發財的價值觀。我
們活在過去的人建築的城市裡，行走在其中時
常覺得不夠有美感。因此，我最早的初衷是，
是否能讓台北有一個地方能活成這樣？我們先
做了生活節實驗，但最終仍希望讓簡單生活節
不只是兩天的活動，而是一個根植生活、延續
性的發展。

這幾年在外部環境的改變之下，台灣的創意

品牌將面臨什麼新的挑戰？

劉維公：今年國際觀光客的人次首度大於出國觀
光的人次，政府打算在2020年衝到兩千萬
人，將來台灣的內需市場必然擴大。此外，
ECFA的簽訂，也會面臨更多的國際競爭。經
營者必須做好準備，英文、國際行銷、機場美
學……都要再加強。簡單生活過去這六年可以
說是一個實驗場，許多規模小的創意品牌竟然
可以一天賣幾十萬、獨立創作的歌手得到了許
多大家的掌聲。

但品牌離開了簡單生活節這個活動之外，仍
有經營的壓力存在，未來則將面臨更多升級的
考驗。

張培仁：我認為所謂的「實驗」，挑戰的是台灣人
能不能接受、欣賞本土創作的能力。台灣人習
慣以西方菁英的眼光看待自己，歌頌進口的文
化，但是當全球化內容無所不在時，人們將更
渴望本土的特色。

但這是理念與論述，要讓人真正願意進行消
費與行動，則要做更多的努力。對我來說，這
都是市場面的實驗，而只不是創意的實驗。

簡單生活節作為一個平台，可以讓台灣人了
解台灣的創意精神。如果作為一個品牌，希望
在海外開展，應如何延續進行？

劉維公：重要的不是人潮，而是輸出潮流與影響
力。例如，日本輸出卡哇依文化，美國有嘻
哈，英國有龐克，而台灣是否也能輸出一種生
活態度的潮流？簡單生活節具備輸出的能量與
口碑，只是需要更多的資金、網路關係，這絕
對是未來最大的挑戰，也是必定要走的方向。

張培仁：關於潮流的形成，關鍵在於人民、媒體
有沒有替自己生活下定義的能力。創意有時只
是隨機發生的，必須有文化論述、社會責任作
為前導，才能匯聚力量。例如，「宅」現象其
實不只是日本的，是全世界的普遍趨勢，但是
日本人懂得替他下定義，這就成為日本的特色
之一。過去我們總習慣用西方的眼光下定義，
就變成總是在複製，少了思考自己的原貌。因
此，年輕人必須學習為自己生活下定義，提出
自己生活的主張。

所謂文化基因（meme），是指人與人之間跨
越國界、空間的一種思想的傳遞。2008年之
前，中國大陸全年只有三、四個音樂節，今年
至少有七十個音樂節。有的是模仿海洋音樂祭
或簡單生活節，這就是影響力的發揮。台灣已
經歷富裕繁榮，當思考一個活動、事件時，不
是只做形式，而是必須回到內容，想想台灣的
生活到底是什麼。

關於具體的做法，我認為出版很重要，不僅

有論述產生，也有包裝的顏色、美學做提醒與指標。此外，長期的實體生活場域也很重要，我們現在四四南村做的「Simple Market」市集，結合農學市集、音樂演出和手作藝術家，每一個攤位的帳篷都是特別訂製的，邀請品牌的溝通也非常費心，這讓來參與的人行成了一種特別的生活美學氛圍，大家都是特地前往，而不是吸引過路客的活動。

劉維公：我覺得簡單生活的特色是「有機」（organic），活動裡有來自四面八方的人馬，有老有少、有人玩音樂、有人務農，有的人已經有商業品牌、有的人還不是……各式各樣的人被聚集，這不是政府由上到下、刻意去做的project，而是一種自然的組合。

張培仁：今年的生活節在出版的部份我們特別舉辦了分享書房，邀請了全台灣許多地方誌和獨立書店的工作者，讓大家看到台灣有這麼多人在認真傳遞生活的態度。（整理：王美珍／攝影：阿吱）

Simple Conversation

掌握最美
的關係

對談：劉鴻徵 ✕ 張培仁

7-ELEVEN 行銷部部長劉鴻徵，負責 7-ELEVEN 各項對外的合作。
7-ELEVEN 是長期支持簡單生活概念的企業，透過對談，
他以企業主的角度，分享了企業要如何和社會責任成功結合。

一個優質企業該擔起多少社會責任，該保持怎樣的距離才是最美的關係？介入太深，易成為變相的強勢掌控，投身不足又可能淪為只是做做表面工夫。對台灣第一大零售通路統一超商而言，要如何聰明拿捏，與支持的活動保持有點黏又不會太黏的互利雙贏，成為該企業在營利外要悉心經營的環節。

─────── 用主流通路去培養非主流勢力

劉鴻徵：其實從2004年開始，我們徐總就希望7-ELEVEN能和青少年有更多互動，因此那時我們和最受注目的「海洋音樂祭」合作，音樂節本身其實是帶有某種社會運動成分在，我們接手時就有十萬人參加，之後幾屆有近四、五十萬人參加，也讓公司對音樂節有了概念。

我自己成長的世代正好碰上台灣學運，身邊有不少同學、朋友參與過，也讓我有機會瞭解社會上的確有許多不公或很多有理想的人一直想改革社會。我在這種體制長大，海洋音樂祭後我們很感動，特別是對獨立樂團來講，透過這平台讓不少新輩歌手出現，所以那時7-ELEVEN的想法是「用主流通路去培養非主流勢力」，透過企業的力量提供有想法有創意的人舞台，讓這些朋友擺脫無法被主流重視的

情況。

「Simple Life簡單生活節」則把這樣的想法跨到生活產業裡，在過去的通路裡，很難讓個人創作或獨立品牌存活，逛百貨公司時就會發現，商品在創新上是比較貧乏的，我覺得「簡單生活節」算是時代的產物，讓這些少量的獨立品牌能被更多人看見，透過不同媒介，讓新興製品與創意能在這個城市誕生，這是滿有意義的事。

張培仁：你剛說「用主流通路培養非主流勢力」，是我覺得很棒的想法，以香港為例，在資本主義發達的情況下，很少有人會花心思看下一代年輕人在做什麼。在文化上的最大問題，就是繁衍複製上一代的思維，無法再創造新東西出來。就像主流唱片公司常扮演主導者角色，覺得消費市場和消費族群都是固定的，因此重覆塞給消費者同樣的東西，卻忽略了音樂是年輕流行的產業，必須由年輕人主導。當消費者察覺自己的存在和需求時，就開始對唱片公司的做法感到無趣，因此開始和一些小的力量溝通、連結，這些四散的小力量，如果能因為7-ELEVEN用主流的力量來推動，隱約與主流勢力靠近但又不會失去自己本來的堅持，就達到它的效果，而你說的「海洋音樂祭」就是最成功的例子。

──── 逐步擴大規模
## 營造更廣泛的影響力

劉鴻徵：其實當初在一起合作時，我想該有的理想都有實現，做傳播重點是在影響力，那一年一年這樣辦下去，當然希望能有愈來愈多人參與，也會期待這樣的規模，是否有可能像日本的「Summer Sonic」、「Fuji Rock」這類同樣由企業支持的活動一樣，假設有十萬多人都是買票進來，社會影響力就不同了，到時就能請國外更好的團，給國內表演者更好的報酬，透過市場擴大，讓台灣在整個華人社會的音樂影響力再加強，也帶動一種生活形態的產業，它最後是能帶動整塊台灣生活美學，所以，我對它最大的期待是規模再擴大，影響力更廣。

張培仁：我也想知道，你個人的生活和簡單生活節有什麼關聯。

劉鴻徵：我是五年級生，這是個台灣社會從沒有到有的階段，不至於匱乏，但老一輩傳統一直在身上。就像以前的年代，吃喜酒打包是很平常的事，從現在的角度來看，它其實是很環保、不浪費的一種行為。關於資源回收的議題，台北市的資源回收也在這次的世博會有展覽，台灣在這方面做得很不錯，而我自己的

生活是忙碌但簡單。我覺得「簡單生活節」對我而言，就是這個活動的標語——「做喜歡的事，讓喜歡的事有價值」。

### ————讓簡單生活成為
### 企業品牌個性的一部分

張培仁：對一個企業來講，支持「簡單生活節」的活動，在實體的經濟效益上，是否能在做公益與獲利中達成平衡？

劉鴻徵：以台北來講，簡單生活節會是個很好的城市行銷，它符合人內心的想像和渴望。老實說，7-ELEVEN畢竟是個快速服務便利的產業，它和人接觸很廣，但深度仍嫌不足，因此，我們想透過這些正向的活動，使其成為品牌個性的一部分，參與「簡單生活節」或支持「世界清潔日」都是一樣的，但我要強調，做這些事並不是所謂的「行銷策略」或很刻意的目的化，它的最初衷，還是希望透過一個優質企業力量，協助我們生長的台灣，不論文化、音樂、生活各種產業，使其有更多的萌芽機會，開展成一塊田。（整理：黃駿輝／攝影：阿吱）

集合所有
台灣的美好

對談：蔣雅淇
　　　馬天宗
　　　×
張培仁

身為資深的媒體人與電影人，

蔣雅淇與馬天宗從第一屆就參與簡單生活節的規畫。

從無到有，

當初他們是怎麼看待這整件事情的？

第一次辦Simple Life之前，由於這是台灣前所未有的一種概念，因而令人難以想像。但是，台灣本土的美好，不只是好元素，在Simple Life漸漸成形的過程中，美好的特質一一顯現。

張培仁：第一次聽到Simple Life這個概念時，你心裡想到畫面的是什麼？

蔣雅淇：以往台灣對「美好生活」的想像，總覺得那是在國外。但我自己結婚、開始處理一些家事時，才發現在地就有許多令人驚喜的元素。比方說，做菜時用很好的苦茶油、一瓶有故事的醋、客廳放一把好椅子……這些元素加起來就可以擁有一個美好的人生。

因此，我便開始蒐集台灣點點滴滴有趣的人、事、物，希望在Simple Life裡可以呈現這些台灣在地的美好。

張培仁：台灣的商場大多像百貨商場的設計，感覺很冰冷，缺少了讓人感動的力量。一個空間不只是一個概念而已，同時是聲音、光線、氣味這些感受的組合。Simple Life從構想到實踐，應該怎麼具體化？

馬天宗：我在國外住了很多年，當你和我提到要做一個「Life Festival」的概念時，我心中只有國外的輪廓而沒有台灣的。當時我和很多有名的建築師討論，大家都懂得概念，卻都無法想像該如何在台灣執行。國外到處都是公園、大樹、綠地，可是華山藝文特區在當時還是百廢待舉，很難有合適的環境感。是雅淇不斷地透過說故事的過程，讓畫面愈來愈清楚。

蔣雅淇：我擅長的是內容，所以盡可能了解產品背後迷人的故事。例如，我認識做竹炭的店家，但他們的產品全部都是黑的，視覺效果上不是那麼好。於是，我們要了原始竹炭的製作過程，發現原料使用的孟宗竹其實非常美，就去深山裡找了竹子，在現場再現一片竹林。此外，賣米的農家竟然把稻子一整片切下來運到現場；賣薑的品牌則挖了一百斤的薑，讓現場能看見原始薑田。我看見大家都想求好、求美、並充滿與人分享的熱情，在這樣的狀況下，構成了Simple Life純淨市場裡的美麗風景。

張培仁：場地如何劃定不同的區塊？設計有何特殊考量？

馬天宗：八百多坪的展區，一直到開幕的前一天，都還有新的元素不斷加入。原本以為就是長這樣子了，沒想到過了一天，這家攤位多了一片竹林，第二天另一攤又多長出來了一塊田。這些參與者不像一般人都會考慮成本，多少預算做多少事。他們只要看到隔壁攤又有了新的點子，也會激發他們更多的創意。週六打開大門那天，馬上湧進兩千人，而且每個人都待超過兩小時，能讓用心經營的店家和消費者進行這種品質的交流，我心中產生的興奮感，馬上就取代了勞累。

張培仁：怎麼看出 Simple Life 之於這個城市的意義呢？

蔣雅淇：前陣子我到當初曾經邀集來台北的農家的農場參觀，發現從 Simple Life 之後，他們自己也開始經營起純淨市集。而像「薑心比心」這個品牌，現在已經在全省許多家誠品都有了專櫃。我覺得 Simple Life 只是一個起點，讓許多創作人、商家在此得到了舞台與肯定，也增加了信心，進而慢慢把這種概念擴散出去，形成一種生活態度與經營模式。

馬天宗：我覺得 Simple Life 證明了幾件事：1.美學經濟的可能性：它讓台灣人體驗到，美學是可以創造經濟價值的。2.文創的廣義化：以前談到文創的概念是一種必須登堂入室的藝術，比方去國家音樂廳聽音樂。然而，我們則提供了戶外的聚落作為體驗空間，並且有六十幾種不同的文化商品與創意，有的人已經成立品牌、有的則還沒，各式各樣的參與者大家有一個共同的信念：要做得更好。因為彼此的相互激發，也讓台灣文化創意的內容更豐富了。

張培仁：2006年第一屆簡單生活節時，當時台灣社會還有點混亂，但是看到簡單生活節之後，廣告人孫大偉的形容是：「像核彈之後冒出的新芽」，我相信這句話對我們永遠有紀念、有啟示。（整理：王美珍／攝影：阿吱）

*Simple Conversation*

陳綺貞 × 張培仁

理想的音樂節

音樂人陳綺貞從第一屆簡單生活節就伴隨著觀眾一起成長，
從像她這樣一個獨具風格的音樂人的眼光，
她是怎麼看待音樂，以及生活中的藝術？

當簡單生活節的規模和訴求很明確的時候，來的人可能已經有了一種期待，希望坐在草地上，希望很自由地享受一個下午或晚上。身為演出者的陳綺貞認為，在台上，她有很多選擇，渴望和台下的人是一體的。她的期待基本上跟聽眾是一樣的，她會採取這種「頻率相同」的心情準備演出。

————— 對音樂節的想像

張培仁：我們第一次在忠孝東路巷子裡一個奇怪的咖啡館聊 Simple Life，當時提到很多關於音樂節的想像，妳當時對理想中的音樂節看法是什麼？

陳綺貞：當時覺得理想中的音樂節是要跋山涉水，要帶帳篷，要跟很多人一起在溪邊洗衣服……。現在覺得那樣的想像是難以掌握的。
當然能夠體驗那樣的過程也是滿嬉皮精神，可是如果還有另一個選擇，是在繁忙的工作之餘或是近在咫尺，比較屬於城市的氛圍，這是當初在辦 Simple Life 之前比較難以想像的，所以會有一種興奮的感覺，會有一些渴望。

## ——— 第一屆的感覺

張培仁：我們那時聊了很多，直到排除萬難在2006年做下去，妳走進會場的感受跟我們開始聊天的內容和方向是一樣的嗎？

陳綺貞：應該是比我想像中的還要更好，因為我也是參與這個夢想的人之一，我會覺得我們大家是一體的，在這個城市生活。

舞台的部分我可以理解，那個東西是我很常接觸的，但是演出前後我會在周遭閒逛，看那些創意的發展，看那些參與的人的表情，看大家在聊天、討論。

你會覺得這個事情很新鮮，似乎有一種特殊的氛圍，以前是散落在各地，現在是凝聚成不只兩天一夜的活動，好像時代的氣氛有出來，我覺得那個感覺滿特別的。

## ——— 每年的新元素

張培仁：對我來講音樂上的新元素應該要陸續增加，譬如現在的電民謠或其他電子的東西更符合時代腳步。

第二個是美學，就是這一季跟消費者的溝通應該是什麼。2010年我們經過來回考慮「We are beautiful」，因為感覺台灣的能量有一點耗損，我們想要把自由、自在和自信找出來。可是美學上很折騰，我一直希望今年能做得稍微頹廢嬉皮一點。

陳綺貞：我正想說這個，因為簡單這個字很容易不小心簡約表現出一種比較中產階級的氣氛，會讓有些人可能覺得自己被排除在外。所謂的簡單生活可能不一定是有錢有閒才能享受這樣子的東西，還可以再放鬆一點。

那個東西很容易從美學的部分被分流，光是看到可能會覺得「這一定是不屬於我的場合」，但是真的可以接受的人不會考慮這是不是我的場合，他就是會加入。

張培仁：對，應該讓它更自由一點。

我們原來考慮用花的元素，表示鮮花盛開的世代，雖然這些花可能很小、很初期，還是處在一個盛開的狀態。

Web 2.0我覺得跟嬉皮的時候很像，大量的東西在出現，我們想用花來表現這種嬉皮精神。可是想到一半發現有個叫花博的東西，就不去跟它做串連，雖然它叫「美麗的力量」，可是明眼人看得出我們「We are beautiful」所講的是人，不是花。

## ———— 簡單生活節 VS. 簡單生活音樂節

張培仁：西方的搖滾、爵士、R&B都有自己的節，那是很自然從生活裡出來的風格元素。我們說「做喜歡的事，讓喜歡的事有價值」，好比對美國人來說，打從立國就是如此，它是一個很有傳統，以自我爲核心形成的集體，每個人忠於自己的生活，然後慢慢發展出自己的美學、哲學與風格，最後形成一個潮流或影響到全世界。

過去我們習慣接收西方的東西，習慣接收別人賦予的風格，我覺得我們從1997、1998年就已經嘗試去做「忠於自我」這件事。爲什麼一定要勉強自己服從上一代人的標準？難道我的標準就不能因此延續，而且被認同？這樣的東西音樂產業是最先的，後來的創意產業、生活製品，都是回到自己的生活去做自己會做的、喜歡做的事情。

這個迷人的風景隱藏在生活裡很多角落，如果沒有一個集結它的機會，就很難被當成是真實在發生的事情，我們應該爲我們的生活去做美學風格的彙整。外界以爲它是音樂節也很好，因爲音樂是最貼近生活的東西，而且幾乎每一種生活一定都有伴隨它的音樂形態，有音樂的感覺在裡面。

陳綺貞：我不介意外界當它是音樂節，因爲我體會到這個活動不是積極地要你「快點！我們來過一個簡單的生活」，而是要把你從「不能過簡單的生活」中解放出來。可能過去會有一種你的夢想要遠大，或者你的生活一定要有一些繁複的步驟，比如媽媽會說你要唸書，找個好老公，許多的步驟讓你的生活無法簡化。

張培仁：重點是讓大家進來的時候找到一種選擇的可能性，心境上知道原來世界可以有另一種可能。音樂還是感染力最強，傳播力最遠的東西，龐克從來沒來過台灣，可是龐克的文化和美學我們都知道，那些都是從音樂裡面帶出的文化基因，像流行病毒一樣。有一種美學的病毒，它就是會傳染，音樂是傳載它的界面。

## ———— 藝術是一種病

張培仁：妳在上海演出時台下觀衆哭成一團，而且哭得很激烈，妳在台上看到的時候是什麼感覺？

陳綺貞：我剛在華山逛了一個展覽，牆上寫了很多劇作家說的一句話，普希金說：「藝術是一種病，觀衆是付費來流淚的。」我還能說什麼。（整理：陳德政／攝影：阿吱）

**Urban**
# Simple Life

　　有好多人早就在你的生活之中，用簡單的方式推著你前進，
只是你還不知道而已。如果一個麵包、一把青菜、一冊好書、
一間老屋、一件衣服、一本小刊、一首情歌都曾經觸動過你，
　　那麼有一天你也會是觸動別人的那個人喔！

## 簡單人物
### Simple People

作為一輩子的事業

找出你的狂熱，

黃威融強調自己是個素人，生活很平凡，也沒什麼特別。因為出版社的工作性質，平日的早晨，他可能出現在微風廣場的地下街超市、才剛開門的書店、咖啡館、西門町，或到桃源街上吃一碗清燉牛肉麵。假日早晨也可能在阜杭豆漿老店裡、東門市場的羅媽媽米粉湯，慢慢吃著早餐……

無論是吸引很多觀光客上門的小吃，或在下班時段人潮川流的商場，這些城市的熱鬧角落，在早晨時光卻格外清新，這也就是黃威融展開一天的序曲。

—— 氣味相投的工作夥伴，長期專注的耕耘

黃威融很推崇、讚美長期以專業態度做事的「資深」工作夥伴。他說，一位資深的攝影師並不只是拍出漂亮的照片而已。雜誌工作裡，攝影棚是他很重要的一個前期工作，而一位認真的雜誌攝影師，從故事的發想、文字與圖片的搭配，甚至如何與讀者互

動，都積極參與討論；扮演好自己在團隊創作中的角色，十多年來持續經營、全心投入自己的工作，就當成是一輩子該做的事。

他再以自己為例，黃威融出社會的前五年從事廣告文案、五年寫書和出書，直到最近五年的雜誌編輯，長時間在一個工作領域裡用心耕耘。有一次，他看到「國家地理頻道」報導巴西里約熱內盧的嘉年華會，是由許多六十幾歲的人員來辦活動，工作可以如此單純——花大半輩子在自己的崗位上付出，其實是很令人感動的。簡單生活，只要做好自己喜愛的工作並賴以維生，是何等幸福的事啊！

──── 互動即興，定義自我角色

在工作上的簡單，他認為從文字、影像或業務的角度來看待一件事，必定不同。他目前擔任總編輯，雖說每個人的決策不同，但他說一個決策領袖應該從兩害取其輕，並在聽取多方的意見之後做思考，做出抉擇。黃威融喜歡以爵士樂團做比喻，爵士樂團就具有即興演出的成分。假設一曲演奏時間是七分鐘半，但在現場演出時，發現鼓手的狀況很好，多讓他表現十秒又何妨？這樣彈性即興的表演安排，是他很樂在其中的工作方式；當然，這在古典交響樂團可就行不通了。在不同的創作團體中，明確知道自己的角色與任務，或者說以感性創作為導向的三、五人團隊，不妨以「爵士樂團式」的互動作即興演出。

──── 「非計畫」的都市旅行

閱讀黃威融所寫的幾本書，如《旅行就是一種Shopping》、《在台北生存的一百個理由》或《旅行是一種生理需求》，不難發現他是一位城市旅行的熱愛者，其實他也是個運動迷。他認為，運動

黃威融　1968年出生。25歲在廣告公司寫文案，35歲以前寫書、出書，近年則投入雜誌編輯。現為《Shopping Design》雙月刊總編輯、《數位時代》編輯顧問。著作《在台北生存的一百個理由》（1998年，大塊出版）、《旅行是一種生理需求》（2000年，皇冠出版）、《旅行就是一種Shopping》（2001年，新新聞出版）、《Shopping Young》、《視覺系愛情郵件》（2001年，圓神出版）；編輯《國家的靈魂》（風格者出版）。

節目的影片剪接節奏很緊湊、非常精采。過去五年，黃威融去了三趟紐約，每次約停留兩個星期，並不全是爲了工作。理由很單純，就是爲了運動，前兩次是看洋基隊比賽；另一方面享受球場的氣氛、啤酒及熱鬧加油聲……他形容這是「超大型的戶外PUB」。

幾度重遊紐約讓他感到輕鬆自在，不需要特別的行前規畫，紐約這個魅力十足的大都會生活，英文不必太流利、不必太有錢，無論是逛SOHO或美術館、精品店、家具店或平價服裝店或多元化美食，應有盡有。這樣隨興的旅行，黃威融說一年之中的「非計畫」城市之旅，對他而言是必要的，每趟回來總是讓他感覺充電充到飽滿，可維持好長一段時間的能量與新鮮感。

——————簡單看一件事情，別想得太複雜

他說，現代人很容易把事情想得太複雜了。尤其是在文化出版業，很容易去解讀或分析一件事情或一件物品的原創性或商業性，從各個角度去評分，或者認爲事情要考慮得面面俱到。可是他覺得，這樣被社會制約了其實並不好，不妨讓自己能夠更單純去看事情、想事情。

如果你問黃威融，爲什麼喜歡去觀光客都愛去的牛肉麵店吃麵呢？他會說：「因爲好吃啊！」爲什麼早餐吃得這麼豐富？黃威融的答案也很簡單：「我在早餐吃得營養，晚餐就愈吃愈少，所以很值得去認真找一家自己喜歡的早餐店，好好吃一頓。」這樣單純想，事情要做得兩全其美，其實也很簡單了。（整理：瑪亞／攝影：Adward Tsai）

**請問你大多怎樣安排你的一日行程？**

早上通常是我的個人時間。逛書店、逛超市、吃早餐——豆漿、米粉、牛肉麵；在這段過程中，也想工作上的事情或找靈感。

下午進雜誌社，到攝影棚、辦公室寫稿、做編輯例常工作，有時一些額外的臨時會議及出版活動。

晚上會盡量讓自己在11、12點之前睡覺。

**休假日如何過？**

我是個簡單城市人，工作生活和都市密切結合，所以很難有五、六天的海島渡假，前段時間去了一趟台東都蘭，感覺就很放空。

放假時，我就是徹底休息。有時，和太太去長春戲院（現在國賓）看兩、三場非英語系的電影。

從生活出發，
如「白開水」
不可或缺的好設計

簡單生活的三個要訣

1　生活是一顆種子，懷著期許播種、細心培育、灌溉養分；
　　從小芽兒慢慢茁壯，擴大成一座森林。

2　「善意」出發，必會帶起善意的感染力；隨工作及生活上接觸的各種可
　　能，也就自然而然、慢慢走入了善意生活、善意設計，更了解生活方向。

3　回歸人本、溫暖的家庭生活，關心自己及身邊的每一個人，莫忘初衷！

　　　三位蘑菇的生活設計人，平實簡單的棉T穿著，早上十點多出現在位於捷運中山站旁藝文巷子裡的四層樓辦公室。一樓的商店及二樓的咖啡館，在十一點拉開鐵門，三樓工作室的蘑菇設計團隊：湯姆、美瑜和宏光，正熱烈討論著下一個雪山登頂的計劃，工作室外還有一方綠意盎然的陽台。

　　　秋天的金黃色陽光灑下，空氣裡飄著淡淡、清新的溫暖音樂，不同於我們想像中設計公司的時尚光鮮，蘑菇的辦公室別有一番生活的氣味……

————生活與工作均衡，價值相近的良善循環

　　　即使設計公司一向給人的印象，是沒日沒夜的加班或熬夜，然而，蘑菇團隊在這一年來的作息，已經很有默契的調整在上午十點上班、晚上七點多下班。美瑜說，其實在創立蘑菇的前兩年，

也是每天忙到晚上十點才下班，但是這些都可以慢慢改變的，反正工作一定做不完，而且相較於把工作做完這件事，讓個人生活所受到的損失，覺得很不值得；一方面體認生活與工作，應該達到均衡；一方面是家裡的親子時光是精神的一個重要支撐點。所以，經過與客戶協調及溝通，這一年來蘑菇團隊因為工作而加班，或者帶工作回家度週末的情形幾乎沒有。宏光說，能夠回家做晚餐、和家人一起吃飯，是一件很美好的事。

三位蘑菇人有了這樣的共識及體認，與客戶們進一步溝通、慢慢有了默契，因此大多是吸引了與蘑菇的價值觀、步調相近的客戶與產業。

─────── 不追流行時尚，回歸不可或缺的生活面

如何定義蘑菇的風格呢？湯姆率先說：常有人問這個問題，蘑菇的風格一個字是「活」、兩個字是「生活」，如果用三個字來形容，就如一杯白開水簡單平淡、不可或缺的「好生活」。三位蘑菇生活設計人在六點多起床，煮咖啡、煎蛋烤吐司、吃早餐，作息穩定，有時起早了也跟著家人做運動，上班時間就專注於工作，回家也不討論公事。像湯姆最近在晚上七點多，回家一定先練習剛從沖繩帶回來的「三線」（像吉他的樂器），以免晚了吵到鄰居；美瑜則在晚上九點，女兒睡著之後，就讓自己完全放鬆，躺在床上一邊聽音樂、一邊想想白天的事。

─────── 樂活是一種放空，回家心也就安定了

假日更是無工作的家庭時光，湯姆說：每個月，固定一個週末要開五、六小時車程到台東都蘭，先花半小時在小木屋裡打掃、流流汗，隔天再開車回台北，整個過程就是一種放空。每個月也會

蘑菇　2003年盛夏，在視覺設計領域各自工作了十幾年的好友，決定互相壯膽，聯手創立了「Booday蘑菇」這個台灣設計團隊，蘑菇品牌從設計T恤、筆記本、袋包、工作服，同時發行獨立刊物《蘑菇手帖》，說說生活的想法，分享蘑菇團隊彼此的生活體驗。2006年冬天，蘑菇有了第一家實體空間，展售設計品外，也舉行藝文展覽、音樂表演，在蘑菇咖啡動手作的麵包甜點、泡咖啡，推薦好書好音樂……各式名堂，讓工作與生活更有趣！

每日燜煮主食，加上
飯後附上一杯好茶(冷或熱)，
簡單卻飽足。 200元

○頭紅茶 160-
煎茶 HOT 150-
煎茶 HOT 160-
瑰醇栗 150-
水果茶 150-
巧克力薄荷 150-
薄荷花草茶 150-

無咖啡因

○好吃豆腐豬肉丸子
○果香烤梅花豬

oday Special
香橙果汁(冷/熱)130-
檬可爾必思汽水 130-

酒 Beer
枝啤酒 4% 170-
藏啤酒 5% 150-

北台灣麥

然 珍玫
月
卡西無

○○ 手工蛋糕 Handmade Cake!

布朗尼 135-
香蕉戚風 100-           ○手工果醬餅乾 50-
橙香乳酪起士蛋糕 145-
自製 依格作新鮮水果配楓糖核桃 140-

○ 法式可麗餅 crêpe 140-

肉桂蘋果的  蘭姆鳳梨

小食 Little Food

雞肉草菇派 120-
手工麵包佐野菇醬 120-
新鮮沙拉佐東方油醋醬 100-

簡單人物 Simple people

安排一趟「日星」活版鑄字行，參與保存活版字的活動。美瑜說，過去也曾經很努力於工作，結果換來了身心疲憊。現在的假日，大多參加親朋好友的聚餐，或偶有看展覽、活動邀請，反而顯得格外有趣。

宏光在假日時，除了帶父母或小孩參加活動旅遊之外，也整理一塊菜園。家庭生活充實了三位蘑菇人，不僅表露於他們的言談之中；從這三位五年級生的表情中也看得出來，不追求流行的樂活享受，其實不遠，回到家，心也就安定了。

——————— 固定的各種旅行

湯姆在《蘑菇Booday》手帖裡，經常帶著大家一起去旅行。他說，每隔一段時間總會定一個目標，像他已經完成了騎單車環島、擁有一座小木屋和正在計畫中的爬雪山、擁有一艘小船……。

美瑜則是受到湯姆影響，也完成了這些「壯舉」，另外，她說好久沒好好休息了，希望有一個月的長假，只是休息到處走走，也不一定要去哪裡。至於宏光，他跟著工作夥伴、父母和孩子的各式各樣旅行，已經是家常便飯了，算是不同類型、不同主題式的旅遊，從他的神情感覺，對這樣的生活旅行，很能樂在其中。

——————— 創造你的生活，選擇你最自在的方式

如何實現簡單生活呢？湯姆頗有感觸的表示，設計師總是在製造商品，打造經濟奇蹟、光鮮品牌，或創造時尚和設計流行。近年，大家彷彿開始有了一種覺醒（更是湯姆的體悟）：物品不一定要弄得很漂亮，只要是自己所愛、所珍惜的，就很美。以前只看到品牌的表面，無從了解幕後的故事，一身光鮮的時尚名牌，家裡裝潢得像樣品屋，也可能過得（心情上）很糟。宏光則認為，追求最新流行也沒有不好，只要選擇你最自在的方式，就對了！直到現在，他覺得蘑菇已經從歷練及生活中，獲得一種勇氣：去選擇自己想要的工作方式；甚至，為了增加營業額卻不利於環境時，工作也可以隨時喊停、重新再來。

想感受蘑菇像白開水一般、簡單而不可或缺的生活設計，或者是你看了這篇文章開始對蘑菇感到好奇，不妨去看看蘑菇手帖或網站，當然，有機會親自走一趟蘑菇，必能更深刻體會。（整理：瑪亞／攝影：Adward Tsai）

好麵包？
親吻觸感先知道！

簡單生活的三個要訣

1　放開你的五感：眼看、耳聽、品嚐、嗅聞、觸覺。
2　深刻體驗、持續學習，認真做好每一件事物。
3　盡情去感受所有好吃、好看、好玩的東西！

　　你小時候的志願是什麼？和現在所做的一樣嗎？又相差多少？目前從事苗林行經營者、LE GOUT麵包烘焙坊總監的林瓊書說：從他還沒出生前，位在苗栗的老家「苗林行」只算是市場的一家雜貨店，那年代（約一九六四年）大家多吃米飯，麵粉用量不大，價格比較貴，並不像現在那麼多的麵包店及麵食，父親創業不講究效率，單純只靠雙手，從十包麵粉庫存開始賣，騎三輪車送貨，直到最巔峰的一個月賣出兩萬包，約六、七百萬的營業額。

　　林瓊書的童年特別喜愛小動物，養狗、小魚、小雞，志願是當獸醫。但在求學過程中，幾經波折，念了四所高中、到台北念國四班、念過一年的畜牧系、當兵前送瓦斯，最後在動物醫院打工一年，仍與夢想的台大獸醫系擦身而過；之後就回苗栗幫忙家裡事業，漸漸打造出烘焙業的米其林⋯⋯

　　林瓊書堅持、真誠的傳統特質，要從小時候的家庭背景說起；他說，小時候就是坐著爸爸載麵粉袋的摩托車上學，那種感覺一直到現在還是印象深刻。父母親務實的工作方式是，每天從早上九點一直工作到晚上九、十點，星期六日也工作；尤其是創立「苗林行」的父親仍以熟練的珠算來記帳、結算帳單，所以每次到月底，總要忙到凌晨一、兩點，直到林瓊書回家裡幫忙。

　　說到林瓊書的自我創新，也在與父親慢慢進行溝通，耐心磨合，終獲父親的認同。之後，假日也開始休息、運用電腦程式管理，營業額比之前增加四倍。他說，自己和父親雙方都作了調整、彼此信任放手，歷經七、八年才有目前的成績。

———————真實原物料，好麵包的傳教士

　　從見證上一代的傳統與堅持，林瓊書在日後開了第一家咖啡烘焙坊，在於原物料選材與研發上用心，更是表露無遺。他說，賣麵包的人有三種：一種是直接把麵包擺上架子賣，第二種是跟客人推薦；他自己則立志當第三種——當好麵包的傳教士，仔細挑選最好的麵包用料、用心做出美味麵包，再介紹給客人務必要吃吃看。

　　林瓊書舉例說明，荔枝麵包所選用的荔枝乾，就算在成本考量下：一斤170元及一斤500元的兩種選擇；他仍會採用為健康作嚴格把關、通過檢驗的高價荔枝做為原料。他說，只要有最好的選擇，為什麼要選其次的？

———————好麵包的信仰，烘焙一種幸福的感覺

　　林瓊書說，找對的人（麵包師傅）合作，需要緣份。他自認是伯樂型的經營者，曾合作過的兩位麵包師傅，也都做得很好。林

**林瓊書**　父親是「苗林行」麵粉業的創辦人，從小立志當獸醫、幾經波折之後回家幫忙經營，現自許成為好麵包（Bon Pain）的傳教士。曾任「天和鮮物烘焙坊」總監；於二〇一〇年五月八日，開了一家自己完全經營的LE GOUT「那個」麵包烘焙坊，開幕前一天，當招牌燈亮了起來，讓他高興得起雞皮疙瘩。

ROGGEN MISCH BROT
裸麥麵包

PAIN AU NOIX
核果麵包

PAIN DE SEIGLE
裸麥麵包

VAIN

2010年世界麵包大師賽冠軍麵包

BAGUETTE
棍子

瓊書接著說，但人生路上總是有人靠過來，有人離開。問題就在於，你如何讓對的人靠過來？三番兩次到日本見習，使林瓊書的眼界大開。他說，日本的麵包業給人一種幸福的感覺。到日本學習，也彷彿是一種趨勢觀察，可預先看見一條開創的軌跡。

### ─────永遠當個米其林三星餐廳的經理人

林瓊書本身並非麵包師傅出身，但自己覺得眼光還不錯，會找具有潛力的師傅來一起學習，像是 LE GOUT 的師傅每周二都要上日文課，或請熟悉麵粉及麵糰等專家來交換新知識與心得；並安排日本的麵包師傅來台講課或到日本上課。他滿懷自信地說，這樣持續學習，讓之前待過台式麵包店、不見未來的師傅，覺得眼界更開闊、機會無限。

大家所知道的法國米其林餐廳評等，大多以主廚馬首是瞻，米其林餐廳評等中，珍貴難得的三顆星往往也跟著主廚換人而去。但是，林瓊書知道一個好的餐廳經理人，是可以讓主廚即使換了人，同樣保有三顆星的品質！他自許能夠當個永遠經營三星米其林的經理人。

### ─────一個好麵包，要好師傅；一堆好麵包，要好團隊

「吐司好不好吃？親吻就知道！」這是一句林瓊書的名言。從小立志當個獸醫的他，現在問起這個夢想時，他說不想了。什麼原因呢？林瓊書為了考上台大獸醫系，曾在獸醫院打工一年，學會幫小狗小貓打針、開刀、配藥，這段時間他也明白了獸醫的工作，多以利益為重，反而無從感受對小動物的愛心和良好態度。林瓊書體會到，做任何事都要認真、懷著好心態，就連小狗也能夠感受的真誠態度。

再說回麵包烘焙，也是如此。吳寶春師傅做出世界頂尖的好麵包，大家當然都想吃吃看；但光靠吳老師一個人能給多少人吃呢？讓所有人都吃得到好麵包，就需要一個好的麵包製作團隊，要實現這個大家吃到好麵包的夢想，林瓊書其實已經找到訣竅了，答案很簡單：不斷學習、堅持真誠，應該就是一圓夢想的唯一途徑吧！（整理：瑪亞／攝影：Adward Tsai）

about my life
## Q & A

請問你大多怎樣安排你的一日行程？

麵包師傅在早上六點半到店裡、開門。林瓊書在早上八點起床，送小孩幼稚園之後就到店裡，早餐喜歡吃 LE GOUT 的波羅麵包、喝拿鐵，一直待到晚上八點打烊。

休假日如何過？

運動、爬山、聽音樂，滿喜愛搖滾音樂；如果發現一些做麵包的新創意，試做看看，再通知親朋好友們一起來品嚐！

創立 O'rip 雜誌
**王玉萍**

*Simple People:*
*Yu Ping Wang*

跟自己好好的相處，
聆聽自己內心的聲音

簡單生活的三個要訣

1 　好好的與自己相處，其實一點也不簡單，但非常美好。
2 　聽自己心裡的想望，試著捨去無謂的旁枝，留存下來的，
　　會面貌漸漸清晰且越愈長愈健康，然後我們身心安頓。
3 　把自己內在照顧好，看這世界會特別美麗，這樣就簡單了。

　　生在台北，嫁到花蓮的王玉萍，憑著她對花蓮這塊土地的熱
愛，不但創立了《O'rip》雜誌，並且跟著這塊土地一起呼吸，一起
成長。對生活的熱愛，讓她有無窮的精力面對每天的工作。

─────我的家，就是我的第二個故鄉

　　王玉萍是台北小孩，以她過去的認知，那就是「台北國」。曾經
有朋友問她，「妳是很愛花蓮，所以移民來花蓮嗎？」她回答：「不
是耶，我搬來花蓮，是因為我很愛我先生。」當初她單純的只是想
要有一個家，就這樣來到了花蓮，意想不到的是，花蓮給她的超
出想像，反而她覺得受花蓮滋養照顧許多。所以，現在的她樂於
介紹自己：「我婚前台北人，婚後花蓮人。」她與一群熱愛並生活在
花蓮的夥伴（八成不是出生在花蓮的花蓮人）一起辦一本刊物介紹
花蓮的生活，它叫《O'rip》。她說：「我有兩枚臭小子（當然還有他

們的爸爸），這也是花蓮給我的禮物。」

───────就是想要記錄好人好事

　　2006年她放膽的想，如果這輩子只能選一件事情來做，她要記錄好人好事。於是，她就這樣辦起了《O'rip》雙月刊，被她四處招來的夥伴們也就這樣走進花蓮的各角落，記錄常民的生活故事。

　　鳳林客家村媽媽們，手藝好吃到被要求宅配，但她們堅持照顧家庭，不肯露臉開店做老闆。豐濱的阿美族廚師，總是說：「我要到海裡拿東西（太平洋是他們的冰箱）。」部落裡生孩子、上天堂都要找的法國神父，原住民語和台語講得嚇嚇叫……

　　這些有趣的常民，都像是在告訴王玉萍：順應生活的所在，就能體驗到獨特的美好。

　　《O'rip》夥伴們得以開放視野，回頭看待自己，真實地思考：什麼才是最適合這本雜誌的素材。

　　他們的工作室，每天下午一點上班。為了要更多人看見花蓮，《O'rip》當期只送不賣（也有訂戶），過期的因為存貨不多，只賣不送。

　　他們將各期專題，組成採訪旅行團，夥伴們一起去旅行、採訪、分享討論……可能還要個別去第二次三次……，換算稿費是傻子行為，但換個角度想，「賺足以生活的錢，賺更多生活的樂趣」，這樣聰明多了吧。

　　王玉萍說，如果是源於對生活的好奇，而不是「非做不可」的外在壓力，就會長出很多熱情與可能性，就會有動力去實踐。

　　「我也想過，記錄好人好事若是只有自己一己之力也可完成，那麼，就可以持續一輩子。這是花蓮的簡單帶給我的勇氣，過自己想要的生活，沒有想像的那麼困難。」

---

**王玉萍**　婚前台北人，婚後花蓮人。曾任誠品書店活動企畫處主任，現為花蓮璞石咖啡館女主人，同時與一群熱愛並生活在花蓮的夥伴，憑著「讓花蓮被看見」的初衷，組成編輯團隊「生活旅人工作室」，共同創辦當地《O'rip》雙月刊。今年還在咖啡館對面，開了一間賣在地人種的菜、做的生活用品，用生活態度作交流的「小一點洋行」，鼓吹小城鎮要享受不同於都會的生活風格。

簡單人物 Simple people

這一路走來，最神奇又平凡的一天是，樓下璞石老闆武訓上來說，「總統府來電。」剛開始當做玩笑話。沒想到幾通確認電話後，憲兵隊的人真的來勘察地形。原來，是來真的……隔天，便衣警察、幾台遊覽車的媒體幾乎把工作室給包圍了。後來總統夫人周美青也訂閱了《O'rip》。

─────── 是工作，也是生活

　　王玉萍的「白天下午場」是工作，夥伴們作《O'rip》刊物、與在地工藝家設計伴手禮、辦小旅行、演唱會、講座……她還開了一間「小一點洋行」，賣在地人種的菜、做的生活用品，這是一個生活態度交流的平台，鼓吹小城鎮要享受不同於都會的生活風格，這是她今年最大的夢想。

　　除此之外，她還與大學老師社區工作者討論，結合小農種的菜與社區媽媽做便當給在學孩子的可能性。她先拿自己的孩子來試驗，每周二整天課，她中午做便當送去，孩子很喜歡，甚至會預定每周菜色。

　　2010年年夏末O'rip年度大活動「秘密花園音樂party」，因為颱風將場地三分之一的樹吹倒了，因而被迫取消。當然他們會難過，但更心疼這片生態豐富的樹林草原。這就是大自然，必須等待它再慢慢長好，或永遠變成另一個樣子。她開始會注意路上的樹，也許不認識樹的學名，但她真心關心它們，颱風後逐漸復原，她的心情也明朗了起來。

　　她希望她對花蓮的了解，不是用腦袋用數據去想像，而是是有機的從生活經驗中長出來的了解。

　　王玉萍的台北國消失了，她與大自然的界線也消失了。

about my life
**Q & A**

**請問你大多怎樣安排你的一日行程？**

我通常只有下午進工作室時會乖乖接手機，因為我把時間切得很規律，不論工作有多忙，傍晚接了孩子，我就是家庭主婦。

一群很開心的人，
聚在一起做一件事

248農學市集召集人
**楊儒門**

*Simple People:*
*Ju Man Yang*

　　為了要替農民們爭取應有的權益，不因農業的政策造成台灣農業市場的失衡，他曾有一個轟動全台灣的媒體封號──「白米炸彈客」，引起台灣社會不少的爭議與騷動。年過三十後，如今的他早已調整腳步，同樣是支持台灣的農業，但改以溫和且更有效的方式進行，他為台灣的農民成立「農學市集」，繼續為他最關心的農民尋找出路，他的名字是楊儒門。

──────建立共同目標，找到簡單與幸福

　　楊儒門認為，台灣的農民如果想要靠他人幫助，基本上是很困難的，農民本身一定要自己站出來，而「農學市集」的方式，即是在星期五、六、日時，由農民把自家產品拿出來，與民眾直接面對面，在傳統的盤商收購之外，找出另一條銷售新管道，消費者也能藉此認識真正的農產種植者，去認識農民進而有機會了解農村的情況。而沒有市集的平日，楊儒門則和工作夥伴們到各地拜訪農友，彼此互動聊天，再把過程記錄成圖文放上無遠弗屆的網

路,讓更多人認識台灣農業的情況,用最簡單的模式替農民找新路。

進行「農學市集」的過程中,難免會有一些挫折,楊儒門表示,一開始夥伴們的經驗不足,找農民、找消費者也難,一度甚至有「不知爲何而戰」的窘況發生,造成團隊夥伴缺乏向心力,開會淪爲形式,甚至發生過爭吵和批判,後來,他和團隊一起停下腳步省思,找出彼此共同目標,這樣才能產生共同的追求,最後,他們的定位就是「讓農民幸福、讓農村有趣,農村才能發展」。

定位清楚了,事情自然就順勢走下去,楊儒門以前只能單打獨鬥,但農學市集不是他一個人能達成的,還需要其他夥伴投入,意見當然可以有分岐,但團隊內部一定要有明晰共識,與農民接觸時才能達成最大效果,眞正幫助到農民,促進台灣農業的發展。

——— 讓農民成為高級職業

從事「農學市集」前,楊儒門原本打算要回彰化老家二林種田,後來有朋友找他去香港看當地的農業發展,楊儒門很驚訝,向來以國際化、資本主義化爲優先的香港,當地農民卻能在其中找到自己的出路,其推動者是類似「綠色和平」這類的國際組織,他看見香港農民很有自信地面對消費群,甚至因爲香港從事農業的人口較少,農民身分反而成爲香港社會中的高級職業,相較之下,台灣農民的地位就顯得不堪,因此,他返台後才會積極進行「農學市集」。

「能改變農民處境,就是我最快樂、最簡單的事情和夢想。」楊儒門說出目前在工作上他對簡單生活的觀點。他覺得能開心過每一天,能實現所想的每件事,就是最簡單幸福的事。他很高興,這樣的人生他從三十歲起就擁有了。對目前投入的農學市集,他

**楊儒門** 1978年12月24日生,彰化縣二林鎮人,爲訴求政府重視台灣開放稻米進口對農民生計造成影響,於03、04年在北市放置爆裂物達17次,媒體稱爲「白米炸彈客」。出獄後改以緩和的「農學市集」方式替農民開闢行銷管道,先仿台中市合樸農學市集模式在北市忠孝東路四段248巷成立「248農學市集」,後有每週日在原四四南村的Simple Market簡單市集,並持續在各地成立市集,透過常設賣場讓農民自信面對消費者,減少中間商的剝削。

覺得仍在起點，和夥伴們還有很多偉大夢想要前進，但他們不怕，因為他們是一群很開心的人聚集在一起，彼此支持、鼓勵。

───── 老婆、女兒、農民朋友＝簡單幸福

問他現階段屬於他個人的簡單快樂是什麼呢？楊儒門低頭想了想表示，他的工作與生活早就相互結合，假日時處理市集活動，帶老婆、女兒出去玩時，當會一起去拜訪農民朋友，這算在工作還是休閒，他笑著說早就分不清楚，但是他樂在其中。

而家庭與親子的溫暖，是楊儒門另一項珍貴的幸福原動力，他表示：「真的是養兒方知父母恩，只要每天能看見女兒、老婆，這就是我在這世界上最快樂、開心的事。」他說每次他要女兒過來親他一下，女兒就乖巧地親吻他，再問她最愛誰，女兒便會用稚嫩聲音對他說最愛的是爸爸……楊儒門表示，這些旁人看來細瑣的親子互動，卻讓他感到幸福滿分，小小的事卻很珍貴，這種成就感勝過賺大錢，因為這是無價的、簡單的，而簡單就是幸福的另一個代名詞！（整理：黃駿輝／攝影：Adward Tsai）

about my life
# Q & A

### 請問你大多怎樣安排你的一日行程？

其實我的工作跟休假沒有明顯界限，要看有沒有市集活動。若有市集活動的日子，行程如下：早上起來先在市集現場搭帳篷。下來一整天與各攤的農友聊天互動，了解他們近期碰到的情況，例如颱風後農作物受損情況等，彼此分享問題，一起解決。

### 休假日如何過？

起床之後依據計畫進行產地拜訪。與農友進行聊天、溝通。結束前進行拍照。晚上回家後，把過程寫成部落格文章。

老房子事務所創辦人、風尚旅行社總經理
**游智維**

*Simple People:*
*Chih Wei Yu*

正確且樂觀
面對每件事，
並且把它做好

簡單生活的三個要訣

1　找回對自己的信心。
2　重新看待自己和身邊的環境。
3　要好玩，才會有動力。

　　游智維，如同電玩世界裡擁有神力的「空間移動者」，南來北往四處跑，是天生過度樂觀的射手座，是個讓老房子重新鮮活的人，也是旅行社總經理，專門提供客製化旅行規劃與安排，如峇里島綠色小旅行，如專屬建築、美食、冒險行程，你也可提出夢想渴望，找三五好友請他安排私房行程，但他操忙最多的是各種外務，藝文講座、社區營造、傳統產業維持……只要是好的事他就想參一腳。

─────── 找回信心　發現自身的美好
　　「台灣是　個移民島，所以台灣人的抗壓性很好，堅持事情的韌性也很強，但最欠缺的就是自信，常覺得別人比較好。」游智維說出他認為現今台灣社會普遍存在的現象。游智維表示，開旅行社的確是為了做很多別的事，他公司先前的標語是「走出去，找自己」，就是要大家知道台灣這塊土地是很美好的。他認為懂得在這

個島嶼好好生活，就算不出國也沒關係，但他發現大部分人不了解自身美好，所以他想透過旅行，讓更多人有機會感受在地生活的踏實感，從旅程中找回失去的東西，可能是從前的夢想，也可能是對家人遺忘許久的關心。

─────── 鼓動文化的煽動者

「把生命中碰上的每個人、事、物都當成電影裡的伏筆，正面且樂觀面對每件事，並且把它做好。」這是游智維思對「簡單生活」的定義，但他笑著表示，從某方面來看，他的生活並不簡單，凡有朋友找他，有新的合作案進來，他幾乎照單全收，他覺得事情找上門是彼此契機對了。雖然做這些事讓他看來如同一位沒有下班時間的人，但他不認為這是「工作」，他只是在做自己喜歡的事，不是犧牲私人生活，反而在協助參與的過程當中不斷學習、獲得。

游智維天生的熱血，也使他成為別人眼中的煽動者，像前陣子接受國賓戲院電影講座邀約，結束後他反客為主，不斷說服國賓戲院能學習台南「築生講堂」的做法，把講座變常態，透過戲院強勢的商業力量，深耕台灣電影文化，讓對方窗口忍不住說：「我覺得你根本是個煽動者耶。」對此，游智維開玩笑說，每個人都要把自己的定位找出來，他的定位就是負責「妖言惑眾」，要把大家拉下來。

─────── 讓消費者認同創作過程，比銷售更具意義

對「簡單生活節」，游智維十分認同，他認為透過這樣的活動聯結，讓各地的創作者聚集、認識，更關鍵的是有機會看見不同領域裡，同樣專注自己擅長領域的達人，這會形成一股相互支持的

**游智維** 1976 年生，樂觀到極致的瘋狂造夢射手座。期待用旅行改變世界。從台南統一俱樂部會務經理，到 04 年創辦自在嬉遊旅行概念店，05 年一年辦過五十幾場自助旅行講座，08 年後專注於提供客製化旅行規劃服務的風尚旅行社與推動舊建築保存再生的老房子事務所。2010 年起擔任寶藏巖國際藝術村青年會所執行顧問。

力量，也是一個交流的好機會。

　至於活動過程中的創意商品銷售，他提醒參與的創意人，倘若只把重心放在產品銷售，那就失去參與的意義了。他建議在這兩天的簡單生活節中，各攤位應積極讓參與的消費者了解品牌誕生的過程與創作的甘苦，把握難得的面對面機會才是真王道，因為商品在活動結束後仍可透過各種平台販售，但讓消費者了解自己的機會卻只有這兩天，千萬別因小失大。

─────**練功不中斷 每年不斷升級**

　對於他自己，游智維希望至少他每年所做的事情，都能夠像線上遊戲的練功房一樣，不斷進階高等級，例如老房子完成現代化後，該如何再創造新價值，或如何讓傳統產業發展新方向不斷往上提升；旅行社的事務也一樣，不管是幫個人或團體策畫，他希望設計好一套具深度的旅行，讓一群有共同想法的人，在旅行過程中不斷地撞擊成長，找到自己。（整理：黃駿輝／攝影：Adward Tsai）

about my life
**Q & A**

**請問你大多怎樣安排你的一日行程？**
早上八點：起床，帶狗去散步。早上九點：進到公司，買早餐給所有的員工。早上十點：開始處理各個事務，包括非公司的事務（演講、講座等）無固定的行程。之後開始忙各種事務。

圖騰樂團主唱、「巴卡路耐」訓練營推動者
**舒米恩‧魯碧**

活在當下，
做好每件事

簡單生活的三個要訣

1　肯定自己的價值。
2　讓自己活在當下。
3　幫助更多人。

　　舒米恩・魯碧（Suming Rubi），台東都蘭人，「圖騰樂團」主唱，十九歲上台北，不論台上台下，他的生活都很精采。十七歲開始創作，十八歲起參加各種千奇百怪的音樂比賽（比如愛護河川、愛護原住民健康創作歌曲等等），可能因爲邏輯思維與別人不同，每次出手都獲獎，一度還當起賞金獵人，但他說創作時並沒有刻意搞怪，這些靈感來源，與他的成長和生活背景有很大的關連。

──────峰迴路轉的人生路途

　　外表總給人活潑熱情的舒米恩說，小時候他其實是很安靜的小孩，高中時是村裡唯二念高中的原住民，全家族都覺得他很棒，且他的阿公還是部落裡的編織高手，他也傳承這項技藝，但那時他覺得做手工藝很娘，不想做也不想讓人知道他會做，對於未來，他沒有方向可循。

以往原住民想出頭，多半去打棒球或參加田徑隊，要不就當職業軍人或從事勞力工作，舒米恩高中畢業後一度跑去門諾醫院綁輕鋼架，但工作後卻反問自己，要一輩子這樣下去？這個轉折讓他決定再求學，重新補習考上台藝大，來台北開展不同的生活，也因為創作、比賽改變他的人生方向，成為現在的舒米恩。或許正因為走過這些歷程，讓他開始關心起部落裡未來的下一代，興起想為他們做些什麼的念頭。

──────── 為部落新一代找出路

舒米恩說，張惠妹的成功讓很多新一代原住民產生很大的希望信心，但原住民不是只會唱歌，他也不希望下一代的原民青少年不要只把唱歌當成改變的唯一出路，他覺得目前的原住民小朋友不是太有自信就是太自卑，因此他積極推廣「巴卡路耐」這個類似夏令營的活動。

活動以提供部落青少年傳統技能的教育訓練為主，在寒暑假各進行一次，課程並沒有固定內容，主要想帶著這些小朋友學習拓展不同的視野。例如舒米恩曾在課程中鼓勵小朋友用野菜發想菜餚，小朋友表示，野菜很苦怎會有人吃，舒米恩建議小朋友融合現代人重養生的趨勢發想「野菜義大利麵」，雖然最後弄成功的是「野菜泡麵」，但過程中小朋友重新認識族人最常食用的野菜，也在無形中接續上一輩的傳統與生活智慧。

舒米恩想透過活動建立起部落小朋友的自信，他說，原住民學打獵也許未必能應用在現代社會，但如果身為原住民會打獵也會打電腦，那不就很酷？「巴卡路耐」也有些小比賽，表現好的小朋友能參與舒米恩的表演，去台北甚至到國外看看。今年他就帶兩位小朋友去加拿大，舒米恩要他們了解，為什麼他們站在國外舞

**舒米恩** 阿美族年輕鬼才，參加無數音樂創作比賽，為流行歌手溫嵐、齊秦寫歌的詞曲創作人，也是傳統竹編的工藝師、劇場舞者、開過畫展的素人畫家，最後卻以黑馬姿態獲得金馬獎最佳新人而嶄露頭角，但他沒有忘記初衷，回到部落從事關懷部落青少年的文化教育工作，也許因為這樣，他的創作有種特殊氣味，來自山野卻能綻放在都會，豐富的生活經驗是他創作的巨大能量，足以跨越語言、穿越時空，在歌唱和談吐之間，找到你內心的那份喜悅與感動。

台上會被肯定，是因爲他們是有價值的，而一個人的價值，是決定在自己身上。

──────有能力給別人的人最幸福

　　現在，部落青少年都視他爲大哥哥，上台北時都會住他家，爲此舒米恩還特別在台北租一層很大的房子，以便招待這些小客人，有次甚至一口氣來了十六個，舒米恩媽媽還自告奮勇北上幫忙煮飯照料，但很少人知道舒米恩家裡其實仍有負債，他也擔心家人是否支持，這些錢如果拿回家能解決不少問題，但他的媽媽對他說：「有能力給別人的人是最幸福的。」

　　舒米恩強調，他的想法和生活其實很簡單，就是活在當下，做好每件事，未來他希望透過表演創作增加更多收入，用以照顧更多小朋友，但下一個階段要做什麼？他搞笑的說，搞不好會聽朋友的建議回部落選鄉長哩！他說：「未來的事，誰知道呢？」（整理：黃駿輝／攝影：Adward Tsai）

about my life
Q & A

請問你大多怎樣安排你的一日行程？
隨著歌手、樂團主唱、學生或演員身分的不同，每日的作息也都不相同。

Urban
# Simple Life

這裡的每件台灣好物，是用一個一個故事堆疊而成。
從 *Simple Life* 開始，逐步從一件商品變成一間店面，
用不同的形狀，呈現自己所堅持的夢想。
他們眞眞實實是「莫忘初衷」的勇敢實踐家。

## 簡單好物
## Simple Goods

極品中的極品

鮮米粒

田主 林龍

創新的農業力量

# 鮮米粒

　　因為在池上火車站吃到了一盒火車便當，2006年羅比與朝宇離開繁華的台北，前往台東尋找那美味的源頭，終於他們和樂天知命，又愛唱歌喝小米酒的稻米達人「星爸」相遇，也因此開啓了鮮米粒的品牌故事。

　　在投入鮮米粒之前，羅比是化妝品公司的行銷總監，朝宇是某藥商的業務代表，他們選擇了從沒做過的事業，一頭就栽入農產的行銷行列。創業過程經歷65歲的星爸在下田栽種時被田間的龜殼花咬傷，他用原住民的藥草先行敷藥，居然只住院兩天就能出院，替他治療的醫生都覺得不可思議。這樣的奇特經驗以及偶爾令人苦不堪言的稻米收成欠佳，都讓他們更致力於帶給大家喜悅的美食和簡單的幸福，並相信只有自己下去耕作才能享受其中的百味與甘甜。

　　鮮米粒這三字其實真正代表的是「鮮米力」，希望藉由稻米的研發，再創新的農業力量。這幾年來，鮮米粒不斷嘗試除了栽種以外的米商品發展，他們找到台灣唯一的百年冷榨油廠新永豐製油廠，並打動了製油達人莊明松，藉由他的專業研發出了台灣唯一的冷榨玄米油，還將玄米油製作成手工香皂。2009年，純米小舖的黃俊良先生更替

他們研發出健康又營養的高纖玄米糠。因為有這些人共同的努力付出，讓鮮米粒確立了發展食、衣、住、行、育、樂的商品規劃目標。

鮮米粒 星爸與朝宇

2006 鮮米粒出發，
　　　參與簡單生活節。
2007 商品上市成功各大購物台
　　　競相邀約，星爸獲十大神農獎。
2008 玄米油製造成功，但調味油失敗。
　　　參與簡單生活節。
2009 與北醫合作，高纖玄米糠
　　　研發完成。
2010 高纖玄米糠上市，
　　　參與國際食品展。

Shampoo
Organic Ginger

**We all have endless treasure in our minds.**
we don't cultivate our own fields of **two acres.**
but we work for other's field of **one acre.**
How can the minimal salary
compete with your own harvest ?

260ml

**Master Hsin Yum**

# 貼近現代生活的薑產品

**帶薑走出廚房**

## 薑心比心

　　薑除了可以做料理佐料以外，還能有意想不到的創意商機。朱嘉琳原本是餐廳裡的炒菜高手，搖身一變成為「薑達人」，把最平凡又傳統的薑製作成肥皂、牙膏、保養品等系列商品，自創「兩畝田薑心比心」品牌，打造自己的事業良田。

　　熱愛薑的朱嘉琳，融合古人用薑的智慧與自身熱情的靈思，古法新用，讓薑展現出更時尚、更貼近生活的面貌。讓薑汁、薑渣、薑奶、薑塊甚至薑皮，全部都能使用，薑的香皂、沐浴乳、洗髮精、護手霜、身體乳、浴鹽、蠟燭、精油、醋等商品因而慢慢開發出來。

　　薑心比心直到2006年才在市場上嶄露頭角。那一年的簡單生活節，朱嘉琳帶著一千多公斤的薑、薑苗和薑花，以及全系列的產品共襄盛舉，絡繹不絕的人潮擠滿了攤位，消費者的詢問不斷，讓朱嘉琳非常驚訝，遠超過她的預期。為期兩天的活動，他們勇奪銷售之冠。除了對品質的堅持，有效果又美的產品更是一人目標，一路努力到2010年，薑心比心的「薑」土遍佈了各大知名百貨，薑的事業經過十年，終於結出曙光。朱嘉琳的創業路，就像電影阿甘正傳的主角慢跑一樣，有點傻、但卻是一步步踏實築夢。她憑著信念走下去，就像她說：「我就像個小螞蟻，只要設定目標，總有走到目的地的一天。」

**薑心比心 朱嘉琳**

2001 一瓶過期的薑汁，引發創意種子。
2002 星雲大師題字堅定圓夢決心。
2003 和台東晨曦會戒毒更生人
　　　簽訂契約以自然耕種法耕種。
2005 進駐誠品。
2006 參與簡單生活節。
2007 正式出版「薑心比心」書籍。
2010 與台灣工研院簽訂
　　　「薑科SBIR研究發展專案」。

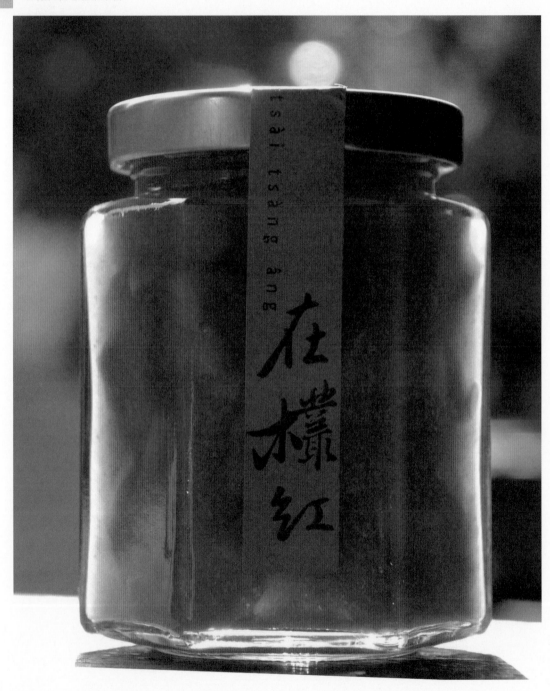

記憶 台灣原味的

**尊重起點，尊重食材**

# 在欉紅

「在欉紅」以台語發音，指的是果實在枝頭上最適當熟成的完美狀態。不僅是順應自然的孕育，更來自於農民堅持等待果實完熟的那份疼惜。這份心意讓在欉紅工作團隊透過長時間的研發，獨創出果醬製造專業技術，把天然風味完整保留，讓人品嚐時，感官隨著成熟的甜韻逐一打開，引領想像，傳達出自然山林、回歸這份台灣農民們的執著與驕傲。

台灣的水果品種多元且品質優異，在賦予全新經濟價值的同時，在欉紅堅持使用安全農業之產地直銷水果，直接與優質產地農民購入品質保證之當令產品，屏除中間盤商，實質回饋產地農民，協助無毒農業的推廣與永續發展。表現在地食材本質為是在欉紅最主要的訴求，希望藉由在欉紅的專業及努力，讓食材替自己和土地、氣候說話。

2008年簡單生活節的純淨市場裡，在欉紅的紅心芭樂果醬令人驚豔。為了重現台灣人情淳樸、敬天惜地的美好年代的記憶，在欉紅挑選纖維紮實細緻，香氣飽滿馥郁的台灣原生種紅心土芭樂，將具有厚實甜度的果心完全煮化後濾籽，稠密的果泥映襯出芭樂特有的顆粒纖維，果粒熬煮鬆軟，入口即化。純淨甘醇的香氣中，留存了「誠意吃水甜」這樣美麗的傳統情味。

在欉紅 顧瑋

2007 在欉紅品牌發想。

2008 蒐羅全台各產季水果研發近一年後試賣。參與簡單生活節。

2009 建構網路水果智識庫，口味研發近30種。與環盟和有機農友發展出穩定互惠的合作關係。

2010 發展果醬以外新產品線。持續朝台灣精緻水果加工品牌邁進。

新鮮水果手作冰棒

## 尋找台灣土地的感動
# 春一枝

　　春一枝商行成立在花東縱谷裡的夢土——台東鹿野高台，是一個爲了解決台東鹿野農民的經濟與就業問題，而成立的一個公平交易品牌。而春一枝新鮮水果手作冰棒是臺灣唯一通過SGS檢測無食品添加劑的純水果冰品，堅持以「公平交易」的概念，收購將近熟透而無法進入經濟市場的季節性水果，並以手工方式製成冰棒行銷至消費市場，每一口都可以吃到沁涼中解構水果的芬芳。

　　創辦人李先生多年前因四處尋找台灣土地的感動而來到東台灣，當造訪了台東鹿野高台時，深受鹿野山明水秀與淳樸民風的吸引，讓他決定買下一間度假小屋長住。久居台東和當地的農友接觸後，李先生發現許多水果因爲將近熟透無法銷售至市場而必須丟棄，除了惋惜這些正好吃的水果，也心疼辛勤工作的果農心血都被浪費，李先生想：既然在欉紅的水果最好吃，那麼「以新鮮水果製冰」的念頭應該也是可行吧！

　　「每一口都吃的到果肉的冰棒」這個單純的初衷，卻沒想到光是製冰的機器設備就花了將近六個月才一一到位。經歷種種困境，料好實在的冰棒在2008年簡單生活節引發熱烈迴響，受到媒體與消費者的青睞，並於2010年進入各種百貨超市通路販售。

春一枝 李先生與李太太

2008 春一枝商行設立。
　　　在台北縣立鶯歌陶瓷博物館
　　　設第一個經銷點。
　　　參與簡單生活節。
2009 開始春一枝的推廣，因經驗不足，
　　　釋迦和洛神花兩種口味
　　　竟面臨了大缺料的窘境。
2010 進入百貨超市通路，
　　　邊作邊學改善生產流程。

*Simple Goods:*
蜜朵麗天然水果冰淇淋

天然綠意冰品

**展現食材原貌**

# 蜜朵麗冰淇淋專賣

蜜朵麗這個美麗的名字,就像是守護大地的小天使,採用天然農作物,用心製作出美味的冰,希望因為蜜朵麗讓農人遇見幸福,不再受農藥毒害;讓消費者遇見幸福,吃到美味也照顧健康;讓我們生存的這片土地也遇見幸福,充滿盎然生氣。

除了真的好吃之外,其實「綠色」概念才是蜜朵麗品牌的堅持也是故事的起源。原本唸建築的壽益爸爸在當兵時,偶然聽廣播說台灣是用藥王國,也說到國外運用天敵生態農法來防治害蟲相當有效,因此退伍後花了很長時間找尋原文資料,後來在友人與政府單位的協助下,開始進入田間測試,終於在民國75年有了良好成果,並在隔年獲得了台灣農業的諾貝爾獎「神農獎」。但當時的供需條件還未成熟,農民用生態農法所種出來的蔬果茶葉成本過高,在市場上不具價格競爭力而滯銷,連帶的讓推展工作陷入瓶頸。壽益爸爸為讓農民專心於農作,不再需要擔心價格問題,與當時在糖廠冰品部工作的麗姬媽媽突發奇想:「不如我們拿來做冰淇淋吧!」而就是這樣的初衷與機遇,讓他們持續努力至今日。

「當每一個環節有了人情味,食物就不再只是商業的提供,而是藉由互助互惠讓知的價值感染出去,最終讓生態、生產、生活與生命連結在一起。」蜜朵麗要用冰涼的美味,融化每一顆愛土地的心。

蜜朵麗 壽益爸爸與麗姬媽媽

2006 福壽山農場水蜜桃、蘋果冰品
　　　開發。豆之味(豆腐冰淇淋)開發。
2007 行政院農業委員會茶業改良場
　　　產學合作。
2009 自創品牌「蜜朵麗」。
　　　參與竹蜻蜓綠市集。
2010 參與合樸農學市集、
　　　Simple Market 與248農學市集。

*Simple Goods:*
*Sounds Of The Underground* 音潮地府 *Tee*

豐富　台灣生活的

將鄉土結合街頭語彙

## 農麗

「如果你只是匆匆走過，你不會發現台灣生活中有如此豐富而有趣的材料！」2008年大錦辭去了行銷副總監的工作，騎著大賣場的普通單車，用11天的時間獨自一個人環島。離開了台北，接觸更多的土壤、農田、市場、廟宇、部落，一如井底之蛙的城市鄉巴佬，發現原來都市之外有個純樸豐郁的台灣，他決定將心中的興奮與感動，轉化成一個品牌，遠在澳洲的Peggy也熱情加入，於是戊子年立夏，農麗成立。

農麗此二字從自古「以農立國」觀點延伸而來，諧音「農曆」是台灣人生活作息必備的曆法。乍看農麗的LOGO，很像傳統農會、稻農或公學校的標誌，上面偶爾會加註「鳳禾為記」，一邊是飽滿的稻穗，一邊是展翅的鳳凰，希望把對土地農學的敬愛與尊重，透過台灣生活美學表達出來。透過設計，讓台灣愈來愈美麗。

農麗的每件t-shirt作品都來自用心的創意、考據與繪成過程。不只師法傳統，也加入年輕的新意。他們膾炙人口的新作「Sounds Of The Underground」原譯來自地下的聲音，刻意翻譯成「音潮地府」，更能傳達七爺八爺的意涵與趣味！汲取台灣生活文化素材，以新傳統繪方式，結合流行與街頭語言，兩個年輕人希望大家穿上農麗，一起學習「敬天、惜地、愛人」。

農麗 Peggy 與大錦

2008 農麗品牌成立。參與第三屆北京文化創意博覽會、簡單生活節。
2009 國際青年創意創業家獎台灣區第三名。英國愛丁堡藝穗節展售。
2010 「府城・農舍」入選紅樓文創孵夢計畫，「紅樓・農舍」開幕。

*Simple Goods:*
*MIIN GIFT* 台灣拖鞋書籤

ND XIM

iwan's first
izing in the
ds that the
missed so
ore of the
ailers and
cluding
es. In its
panese
movie
tional
lding
ears

the
afé
rea
al
n
g

*The fashion trends*
*embraced by Ximen-*
*ding's peddlers and*
*shoppers may not*
*appeal t*

Map
on page
80

## 展現台灣獨特的文化
# 最靡國際

「如果你曾被天然景致與光影間的瞬息萬般變化所震懾感動過，一定會喜愛上幻燈明信片。但若你未曾體悟過自然光影轉換是如何磅礡極致，那你更不能錯過幻燈明信片！」

台灣風景的PVC透明片，以精美印刷結合進口厚質紙張，最靡國際在一張小小的明信片制式規格中，讓具象又透明的景色，經由不同色溫的光線互動，展現了不同的意境氛圍與視覺享受。

在一次綠島之行中，黃文志與同行友人遍尋不著值得攜回的紀念品，一股「買不到，就自己做！」的信念，促使他帶著一手創立的設計服務小公司，跨入自有品牌的領域。或許是以明信片帶給人多年後回憶起的感動之刻，這份夢想家的浪漫情懷成功地透過明信片，傳達到大眾的心靈深處，幾年的努力之下，2010年最靡國際在台灣景點明信片已然站穩腳步，並不再單純地以景點作為設計，在作品上朝著展現台灣更為本土、獨特的文化為發展目標。

「人一輩子能做的事情有限，決定了便要做到精彩絕倫。」這一條奮不顧身的夢想大道上，最靡團隊從熱愛旅遊的「台灣出走者」身分，蛻變為紮根台灣景點紀念品的文化工作者。MIIN GIFT也成了最令人風靡的台灣設計禮物。

最靡國際 黃文志

2006 成立自有品牌 MIIN GIFT。
　　　2D明信片大受歡迎。
2007 推出幻燈明信片，銷售據點順利拓展至各大連鎖書店與機場書店。
2008 幻燈明信片獲得「台灣視覺設計獎」行銷設計類金獎。
　　　參與簡單生活節。
2009 幻燈明信片獲得「美國設計獎」明信片/傳單類第一名。

# 追求完美的手工吉他

自信而謙卑地與音樂人一起發聲

# Lee Guitars

身為以吉他為專長樂器的音樂人,有朝一日能親手做出一把世界級的吉他這樣的願望,是李宗盛在創作出第一首作品時,就已埋藏在心裡了。三十年來,憑著一把破琴也寫出無數膾炙人口的歌,當初彈著吉他、唱著歌的小李,如今已然成為歌壇傳奇性人物。

這些年李宗盛在華語樂壇所累積的成績,主要是因為他對音樂製作態度之嚴謹,和對完美境界之要求。李宗盛將這樣的態度,付諸於製琴工業上的每一個細節,這也是每一個彈過李宗盛所製作過的吉他的人,可以親身感受到的。

長久以來,李宗盛對於吉他的熱愛,和對吉他演奏、製造、發展之細心觀察,是不曾間斷的。自1997年起,李宗盛展開製琴的道路,邁向人生第二個音樂旅程,並於2002年正式創立Lee Guitars手工吉他品牌。在2003年初,第一代S Model吉他正式誕生,Lee Guitars自此,開始了它的成長之路。

目前為止,Lee Guitars的產品共有七款,另有應不同專案需求而改良研發出的新款琴型,不僅成為眾多吉他愛好者的收藏首選,在圈內也成為眾多音樂人如周華健、五月天、蔡健雅、張震嶽、陳綺貞、品冠、易桀齊、戴佩妮、林一峰,及許多世界級一流樂手的鍾愛琴款。

Lee Guitars 李宗盛

2006 V Model 、VC Model 推出。

2007 JC Model、D Model 推出。

2008 D Jr. Model、Converse百年慶典特別紀念琴、五月天簽名琴推出。Lee Guitars 指彈與創作大賽、Lee Guitars All-Star Concert。參與簡單生活節。

2009 H Jr. Model 推出。

2010 Lee Guitars 台北展售點拓展 Fretless Acoustic Bass 問世。

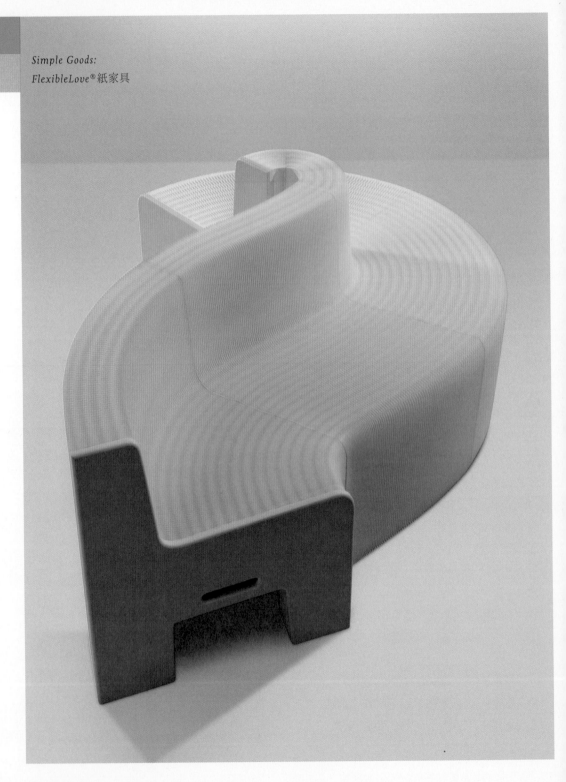

*Simple Goods:*
*FlexibleLove*® 紙家具

# 發揮材料特性的椅子

可伸縮又堅固

# FlexibleLove®

FlexibleLove®紙家具是使用一種手風琴狀的蜂巢結構，及各種可回收材料製作成的家具。為減少產品製造對環境的衝擊，FlexibleLove®系列完全以工業用回收紙及木粉壓成的木板製成，並且使用業界現有且成熟的製程來加工，同時拒絕對環境有害的添加物。

FlexibleLove® 的 名 字 來 自 於 "flexible love-seat"，也就是「可伸縮的情人椅」。這張椅子上面可以坐一個人、兩個人、三個人，甚至到十六個人之多。只要從邊緣拉開，就可以輕鬆改變椅子的長度。全系列使用的蜂巢結構，讓這些手風琴狀的家具可以容易地在不同的空間延展或收縮。

設計者邱啓審是來自苗栗的年輕設計師，他的設計思維強烈受到居住城市的影響，而使用蜂巢結構設計家具的想法，源自一點偶然再加上實驗。因為被某苗栗小工廠的蜂巢紙絆了一跤，並得知蜂巢紙是被用來製作紙棧板以取代傳統木頭棧板時，邱啓審馬上對此材料著迷，開始研究後發現它可以製作出堅固的結構，與紙張給人脆弱的印象完全相反。幾天後，可以坐得下16個成人的FlexibleLove® 16草圖出爐，並開始製作可用模型。

與一般設計思維不同，FlexibleLove®不是以解決問題作為起點，而是以運用材料為開端。這樣的開始，使得設計的過程少了許多限制與束縛，因而產生更多意想不到的變化，成果也令人驚喜。

**FlexibleLove® 邱啓審**

2006 品牌創立。參與創意市集、
     簡單生活節及文具禮品展。
2007 上康熙來了 / 沈春華 live show 等
     節目採訪。
2008 從製造學習平衡產能與銷售的重
     要。參與簡單生活節。
2009 全球外銷超過15個國家、
     牛皮紙 FlexibleLove 誕生。
2010 新產品研發，朝不同的
     家具款式邁進。

*Simple Goods:*
*so that's me* 蜜桃棉 *Tee*

# 回歸簡約的衣著

## 用心原創設計
## so that's me

so that's me珍奶小站正式開張，歡迎訂作，因為：me的珍奶會跟清新福全一樣貼心提醒你「全糖很甜」；me的珍奶會跟天人明察一樣新鮮嚴選總是「珍珠要等」；me的珍奶每天供應女性消費者最愛的「半糖去冰」；me的珍奶也有給特別的你比半糖還少的「三分糖」……這可不是賣茶的廣告，而是so that's me繼2008年具有台灣風味的平安服T恤話題好評後，冰涼推出世界聞名的台灣茶飲珍珠奶茶T！

讓妳不害怕站上體重計，更讓妳窈窕美麗秀出小蠻腰的珍珠奶茶T，是so that's me眾多與目標消費者輕鬆互動的創意之一。雅嵐與雅雯兩姊妹結合彼此設計打版與行銷的專業，從選紗、挑布、裁版、設計到行銷都親自參與，並相信台灣的布料品質與加工原本就是全球數一數二，若能妥善運用本土資源，創意品牌就有機會能「在這裡開花，把芬芳帶到遠方」。

so that's me回歸衣著最簡約純粹的質地，強調合身的剪裁與溫柔的手感，用心原創設計，讓每個人生活中對於穿衣，從最簡單的感受衣著開始。好的東西總有讓人一試就愛上的魅力，正如他們的口號：Make your day smart cozy!穿著so that's me的簡約生活，從容自在。

so that's me 雅嵐與雅雯

2008 so that's me 成立官方網站與網路商店、參與簡單生活節。

2009 從虛擬的網路到實體百貨，陸續在美麗華、信義誠品、京站設立品牌專櫃。

2010 參與南京台灣名品展，踏出向外發展的第一步。

純眞勇氣的創作組合

愛創作而創作的
`0416x1024

0416 是個天天愛畫畫的大男孩，他的插畫作品樣貌豐富趣味。上一秒可能把你逗得吱吱笑，但下一秒可能又讓你陷在溫暖的感動中！而木京 杉的創作以家飾、設計為主，以灰冷的水泥為創作素材，揉入手感的溫度，並運用清水模的工法，堅持手工製作。

0416x1024 是兩位創作者的生日記號，代表了兩人背後的故事及獨特性，而相乘意謂著無盡的力量及無限可能！他們稱它為「群聚效益」，希望彼此藉由創作，激發出更有趣的想法，建構出更廣義的創作平台，讓更多的藝術創作者，單純、直接地傳達感受與分享創作。

一切的出發點都是簡單的，只因單純的想創作愛創作而創作。只是品牌的經營及看似順利的發展，背後有很多不為人知的心酸，包括時間帶走的健康，親情友情及愛情之間的難以平衡。而廠商不負責的態度、租約問題、人事管銷、進銷庫存等則是沒人教過，要邊走邊學的困難課題。因此當夢想中的店面招牌亮起，關於成長，兩人有著鼻酸酸的微笑。

新作品「can you read me?」希望照顧的，就是藏在每個人心裡的小孩。不管世界的紛擾，或如何的跌撞，能在作品裡感受他們藏進的「家」和「愛」，因而快樂或安慰，就是他們努力創作的初衷了。

`0416x1024 0416 與木京杉

2006 成立「一起好」團隊。
參與各大市集與簡單生活節。

2007 開設首間店舖 0416 T-SHIRT shop 西門新宿店 。

2008 0416 T-SHIRT shop 紅樓店正式開幕。參與簡單生活節。

2009 「'0416 × 1024」life shop 獨立門市品牌形象店萌芽在中山北路藝文區。

2010 與 Simple Life 聯名推出「勇往直前大長巾」。

BE A KIDULT, WAY TO GO.

像孩子般的大人
# 25TOGO DESIGN

25togo自04年成立設計資訊部落格開始就獲得不少網友的喜愛,且連年獲得「台灣百大部落格」的肯定;07年品牌正式成立,至今已獨立開發超過20款有趣實用的生活設計商品,並從網路購物平台25togo Design Store擴展至實體店面經營,除了銷售來自世界各地的設計商品外,更是匯集台灣設計商品最為完整的平台。

MR.B收納熊是25togo的獨特商品之一,它是一隻專門收藏回憶與生活物件的貼心小熊,無論是不起眼卻充滿回憶的小東西、旅行時蒐集的車票與明信片,或是用過的便利貼與還沒對獎的發票,通通都可以塞進MR.B的肚子裡! 玩偶般的體型讓他可以趴進沙發裡或是讓人抱在懷中,用他大大的微笑陪伴著迎接每一天的雜事與挑戰;半透明的MR.B不但讓使用者可以清楚看到他目前肚子被餵飽的狀況,環保塑料材質也讓MR.B防水、耐用而能成為長久的陪伴!

Kidult是由英文中的kid和adult所組成,意思是「像孩子般的大人」,有著對於自己理想的堅持與小孩子般的固執。25togo秉持著「我就是要這樣!」「我要自己來!」的Kidult精神開發各種"Design in Taiwan."的

生活設計商品,相信設計商品不該只是高貴好看的藝術品,更可以是有趣實用的日用品,期望能為消費者提供不一樣的體驗與驚喜,重新找回童心與生活樂趣。

**25TOGO DESIGN 何孟修**

2004 品牌的原點「我我觀點,我我輯」
　　　設計資訊部落格誕生。
2007 25TOGO DESIGN正式成立。
2008 網路商店開張、第一間實體店面於
　　　台南誠品書店開幕、
　　　參與簡單生活節。
2009 旗艦店25TOGO SUPER!
　　　於信義誠品書店開幕。
2010 主辦第一屆「25togo Gallery 爛梗
　　　蒐藏展」巡迴展。

# 靠一隻小兔子吃飯

**不是療傷系，我們是發洩系**

# Foufou

Foufou的商品大多是由一隻代替創作者發聲的小兔子瘋狂邦妮爲主角。最早設計師小猴創造出的眾多角色中，也不乏小熊大象貓咪等動物，然而這隻略帶卡通式黑色幽默、由虛線縫起的邦妮小布偶，卻在消費者的擁戴下壓倒性地脫穎而出，成爲品牌主打星。邦妮自得其樂、詼諧淘氣、不按牌理出牌的瘋癲性格，其實正是創作者本身的性格與對生活的看法：人與生活都不可能只具有單一的純粹面向，這樣不純粹的Foufou式可愛，好像意外地引起很多女孩與男孩們的共鳴。

小猴在哲學系上課的最末一年，無心插柳帶著手繪作品與幾張貼紙到創意市集去玩，然後陸陸續續有各種合作、通路找上門來。大約一年半之後，姊姊大猴在再也無法瞞過老闆法眼的情況之下，才把上班七年多的電視台工作辭掉全心投入。兩個人都全職靠一隻小兔子吃飯的初期，有時每月付完房租手邊可能只剩幾千塊錢可用，但他們還是會很揮霍地在半夜散步買很多啤酒回家，一邊討論接下來該怎麼辦，一邊把啤酒大口大口喝掉……

從一開始到現在，其實就是靠著類似這樣，小小的，卻又很值得珍惜的重要瞬間去慢慢堆砌起來，一邊傷透腦筋一邊玩一邊盡力堅持下去。即使是爬行也想辦法前進，就是他們的品牌之路。

**Foufou 大猴與小猴**

2006 數十場創意市集。
參與簡單生活節。

2007 第一次在百貨公司設立臨時櫃。
一個月結束每人分得薪水一萬五，
開始理解夢想與現實間的落差。

2008 發行圖文書《帶著邦妮跑市集》。
參與簡單生活節，在果實小巷裡
找回最初的力量。

2010 誠品信義店的Foufou獨立
專櫃正式成立。

## 把溫暖穿在身上

# a jinandsec ond

ajin 與 second 是認識十多年的好朋友,也是從來沒有因不合而吵架的好搭檔,也許是兩人都給予彼此溝通與互信,所以才能順利成立屬於他們的品牌「a jinandsec ond」。其實品牌成立之初難免有許多顧忌,尤其是面對現實的金錢問題,擔心可能一去不復返,甚至最後失敗。但他們不想管那麼多,只有一個念頭:「自己開心以及興趣的事情,如果現在不做,下次也許就沒有機會了!」也因為以「有失必有得」的生活哲學不斷砥礪自己,就算面對挫折,他們也會提醒彼此積極的看待並發揮正面能量,才能好好的一直跟大家分享他們創作的喜悅。

蝴蝶結熊是 a jinandsec ond 品牌主要的圖像精神。許多人都曾經擁有一隻屬於自己的寶貝熊,可能是父母給予的愛或是朋友與情人送的情感象徵,它代表的是一個慰藉的出口與無可取代的溫暖。當關心說不出口,或是無法以實際行動付出,蝴蝶結熊就成了最貼心的支持與祝福。

2010年隨著店租約到期而暫停門市營運,把重心轉為創作的 ajin 與 second 也從自己的品牌成長過程中,得到滿滿的關懷與力量,與朋友合作的「手工訂製款」系列,正是他們珍惜現在,並勇敢走向未來的品牌延續。

a jinandsec ond  second 與 ajin

2008 品牌成立、參與簡單生活節曝光。
2009 高雄設計節品牌貨櫃展、
　　　a jinandsec ond only store 一年
　　　限定店開幕。
2010 與許多設計師品牌聯名合作。
　　　一年限定店結束。

*Simple Goods:*
*Cubbish* 傻笑鱷魚泡泡瓶

不守規矩的圖像創作

由自己創造答案
# Cubbish

秉持「既然答案不只一個、那麼我們就自己創造答案吧！」的座右銘，Cubbish創造出一種怪怪有趣的欠揍風格、好玩好笑卻有自己的一套哲理，希望用創意遊走在興趣、工作與事業之間。

Cubbish筆下的動物都有自己的個性描述，例如其中廣受歡迎的傻笑鱷魚，牠覺得自己笑起來很好看。甚至還有口頭禪：「嗯～好。」雖然牠是隻沒尾巴的鱷魚，自信的開朗性格卻能擁有許多的年輕人的喜愛。不只要可愛，就如同Cubbish動物園裡頭的每隻動物一樣，還有一個有趣的性格在裡面。

Cubbish是不守規矩的意思，2006年由Winner Yang將創作圖像轉換成創意商品販售，記錄周遭的朋友、同事、老闆的個性。希望透過創作讓更多人可以接觸到有想法的作品，無論是用外星人表達對同事老闆難溝通的敬意，或是用動物圖像代表同學朋友的無厘頭情誼，都是Cubbish說故事的方法。Cubbish創作的圖像以可愛戲謔的風格，記錄周遭的人們，尤其是每個人的講話態度，互動模式。這些來自生活的創作靈感，被以幽默輕鬆的方式表達出來。

正因為這個世界把我們教育得太正常，所以每個人顯得又乖又聽話，因此，如果「Cubbish=不守規矩」，我們是否都能否讓自己再特別一點？

**Cubbish Winner Yang**

2006 Cubbish 在愚人節首賣、開除老闆專心投入經營 Cubbish 獨立創意品牌。

2007 Cubbish 動物圖像授權台灣 Double A 發行筆記本。

2008 Cubbish 在西門紅樓第一屆十六工房。參與簡單生活節。

2009 台北館前自營門市。出版 Cubbish's 迷途動物繪本。

2010 開發傻笑鱷魚泡泡於全省觀光景點通路、積極經營北中南自有通路。

# 回歸基本的服裝

多彩舒適的

## 彩虹來了

　　2004年，彩虹來了多彩舒服的概念在Erik的腦子裡形成，被朋友形容眼裡有光的他到處尋找合作夥伴……直到，在大企業工作八年的Mavis有感於過多的會議與繁複的流程讓工作不再純粹，心裡萌生想做自己的事，創業的動機逐漸蘊釀成形。2006年當Erik遇見Mavis，在一次空檔偶然分享了彩虹的概念，點燃了她醞釀已久的熱情，決定跨出進入社會多年以來最踏實的一步……

　　兩人對品牌名稱琢磨許久，直到某天，Erik在企劃提案裡寫下「各位，彩虹來了」這樣的開頭，而當天Mavis腦子裡也出現「彩虹來了」四個字，於是相視會心一笑地一起說出：彩虹來了。

　　產品的規劃回到基本的共通語言——顏色為主要元素，簡單舒服是兩個人討論的主要核心，兼具美感與執行力的Mavis，則讓產品精準的達到這個要求。為了達到舒服的質感及品質的堅持，他們在選布上也煞費苦心，捨棄買零碼布來製作衣服的途徑，轉而往上游尋找布廠，挑選最適合的舒服布料。彩虹來了從概念到產品就這樣　步步克服困難的成形，在07年6月30日正式上線。

　　如今他們更以老屋新作的概念在台南開設

了第一間品牌實體店面，藉由網路與店面的虛實整合，完整的呈現彩虹來了的生活價值觀。

彩虹來了　Erik 與 Mavis

2006 品牌創立。
2007 產品正式上線。
2008 參與簡單生活節
2010 在台南開設第一間品牌實體店面。

*Simple Goods:*
*Somebody* 創作 *"Live what you dream. Just for fun."*

一個分享
創作的空間

鬧中取靜的

# 貳拾陸巷

不斷傳遞著"Live what you dream."生活信仰的貳拾陸巷，起初只是設計團隊想找個可以分享創作的空間，卻意外打造了Somebody Café，隱身在熙來攘往的西門町裡，沒有明顯的招牌，只留著一大面素雅的白窗，簡潔素白的空間，靜謐地等著陌生人來探險。店名的由來是一句英文俚語："You'll be somebody someday, even if you are nobody right now." 對貳拾陸巷而言，"Somebody."指的就是那個勇敢實踐夢想的你自己。

除了邀請其他藝術家們參與展覽、每年參加台北藝穗節外，Somebody Café也邀請戲劇、舞蹈或音樂創作者，在這小小的舞台裡一起找到更多共鳴和熱情，讓白日夢和夢想變成一種習慣，也讓品牌更具象化地傳遞藝術所帶來的美好生活。

雖然品牌的精神是希望所有人都能帶著熱情快樂過日子，但希洛與凡璇很清楚夢想沒有捷徑，為了找到自己喜歡的生活，就是要不怕繞遠路。而他們從空間開始，從貳拾陸巷到Somebody Café，由內而外型塑一個品牌的經歷，其實就像選擇一趟旅程，或如凡璇所說的「一場停不了的白日夢」。他們將

看見別人看不見的風景，而過程遠遠比結果來得更值得回憶。

貳拾陸巷 希洛、凡璇與Yellow

2006 自第一場05年牯嶺街的創意市集
後，週末便成為快樂的遊牧者。
參與簡單生活節。

2007 Somebody｜貳拾陸巷成立，
一個重要雙叉路，由設計團隊
腳踏實地開設店面。

2008 第一屆台北藝穗節，
Somebody Café變成小劇場舞台，
共感更多夢想。參與簡單生活節。

2010 參與台北改革藝術季。

*Simple Goods:*
*Childish* 手工印製 T

# 感動　源自生活的

## 童心未泯的
# childish

childish認爲，任何事情的出發點，都該從生活開始。從本質出發，才有溫度，才有感動！

當我們漸漸長大，漸漸開始要有成爲大人的樣子，說出大人會說的話。什麼時候，我們忘了滿手泥土的味道，手心被汗水染了模糊的顏色，跌倒後眼淚流過嘴巴的酸苦？還記得小時候有個可以翻開桌板的木頭書桌，畫完的畫紙就偷偷藏在桌子底下，長大後的現在拿出來看，我們的勇氣到底什麼時候不見了？什麼時候不再像以前那樣不顧一切？這許多的疑問讓幾個大男孩重新認真看待自己對畫畫的喜愛，把天馬行空的想法付諸實現，並相信雙手才能眞正感受創作的溫度。

他們最重要的起點是兩年前的第一款作品，之所以心中有特別多記憶與悸動，是因爲圖案是由他們的名字爲設計發想，並靠雙手親自完成創作。每個框框裡的斑駁，都代表不同時間裡的情緒，而那時的他們對於未來感到非常的困惑，不知道下一步會走向哪。他們清楚記得第一次印完把網版打開看，成果居然完全超乎預期。非常興奮的他們把裁片掛在牆上，不發一語地靜靜對著自己手工印製出來的圖案，看了一整晚，之後

什麼也沒說，就一起努力到現在了。

childish 思豪與子瑜

2007 成立childish藝術工作室，致力於非數位化的創作內容。

2008 成立childish by hand手工印製、染製商品。參與簡單生活節。

2009 舉辦第一次childish by hand手工創作展。商品於'0416×1024中山店販售。

2010 定期參與Simple Market，商品於京站so that's me櫃位販售。

藝術的美感　抽象符號

# 不好意思遇到你

不好意思遇到你嘗試以非商業考量的角度，結合具現代意識形態的毛筆繪畫方向發展商品，試圖用畫連結人性，用商品影響情緒。

創作者大荷認為任何語言都無法完整表達內心的真實想法，所以藉由繪畫中自我對話的過程，人往往都會找到更真實的自己。她所專注的中國書法藝術、具有四維特徵的抽象符號藝術，在一筆一捺中，包含著人作為主體的精神、氣質、學識和修養。因而，用最簡單有力而不累贅的線條，大荷的畫作卻勾勒出心靈複雜難以言語的、隱藏的自我。

從2006年起，單純想以畫畫維生的念頭，讓她開始跑遍各種創意市集，認識了許多可以一起作夢的伴。但隨著商品的通路增加，大荷才漸漸了解畫畫的人跟賣東西的人的不同，並體驗到好商品製作背後的沈重壓力。難以避免的自我懷疑在經歷2009年的沈潛後，大荷重新找到了畫與商品的自我定位及區隔，在2010年開設網站持續商品販售，也讓創作得以持續下去。

這一路的起起伏伏，考驗著一個願意在商品販售與藝術創作為自己找到平衡的創作者。「不好意思遇到你」也正是她謙卑學習、期待驚喜，硬著頭皮也要一直畫下去的真實寫照。

**不好意思遇到你 長毛與大荷**

2006 以創意市集開始到各種活動擺攤。
2007 面臨寄賣店家的選擇及
　　　鋪貨細節的挑戰。
2008 人生第一次得獎風光的一年。
　　　參與簡單生活節。
2009 寄賣店的大調整及收回。
　　　閉關作畫，希望朝畫界前進。
2010 網站成立，保持最低限度的
　　　商品販售。

*Simple Goods:*
*22designstudio* 水泥戒指

看向世界的一扇窗

**用設計讚頌生活**

# 22designstudio

「誠實」是22designstudio一直堅守的態度。因為希望自己不要忘了22歲時成立工作室的初衷，所以盡量避免為了設計而設計，讓產品能實實在在的傳達出他們當下對生活的想法。

2006年開始製作水泥戒指時，游聲堯單純是因為買不到自己喜愛的戒指，順便想要在當兵剛退伍的期間體驗一下朋友口中「地攤的暴利」。但事實與想像中的差距是巨大的，經過一個晚上三個小時的地攤初體驗後，他與夥伴伊婷才深深體認到天下沒有白吃的午餐。但對於「水泥戒指」這個想法，他們仍有著強烈的企圖心想將它介紹給所有人。

抱持著想要知道水泥戒指的極限的心態，兩人開始在不同的創意市集中嘗試販售，隨著與顧客意見交換的增加，他們也一步步改良水泥戒指的設計。2007年底從台灣的創意市集轉戰日本設計師週期間的國際性設計展覽活動100% Design Tokyo，讓他們真正打開了眼界，也讓水泥戒指的販售通路從台灣擴展到了全世界。

不知不覺中，他們發現原來自己正走在創業的路上。一心想用設計讚頌熱愛的生活，而水泥戒指開了一扇窗讓他們看到世界，也看到台灣這塊土地獨特的地方。22designstudio繼續探索著水泥戒指的極限，更期望推出真實反應文化的作品。

**22designstudio 游聲堯與鄭伊婷**

2006 退伍，想要開始製作水泥戒指。
2007 開始販售水泥戒指，年底到日本
　　　參加100% Design Tokyo展覽。
2008 持續改進水泥戒指，
　　　拓展國際市場。參與簡單生活節。
2010 倫敦充電，茅塞頓開，推出新作品
　　　4th Dimension Clock，
　　　決定工作室未來方向。

為無趣的
生活找樂趣

## 胡亂搞角色的狠角色

# Bon

　　會喜歡Bon的人，大多數是被他的無厘頭搞笑風格所打動吧！

　　2006年至今，Bon創作了超過50個以上的角色，多數的靈感都來自童年生活體驗，因為深受美日卡通及漫畫影響，所以作品帶有淡淡的復古風，角色的共同點就是乍看之下會覺得很眼熟，仔細一看又會發現一些不同於記憶的小趣味。Bon的創作就是希望帶給大家的不只是單純的可愛，也利用反諷的手法加入點新創意。

　　小時候不喜歡讀書，上課都在畫課本，下課就趕回家看卡通。Bon原本立志當漫畫家，長大後才發現台灣沒有漫畫產業，只好去上班。直到2006年創意市集當紅，世界充滿希望，Bon心想那自己也來搞搞看好了！他辭掉工作，回家畫了幾個角色，從敦南誠品一卡皮箱創意市集出道，開始了誤入歧途的擺攤之旅。陸陸續續參加如CAMPO、牯嶺街等近50場市集活動，忙碌又充實地上演著自己的擺攤人生。

　　2008年受邀加入西門紅樓16工房，Bon首次嘗試實體店面，但不敵金融海嘯影響，不到半年就黯然退出。隔年與友好創意品牌合組Paintrack於信義誠品風光開賣，但榮景只維持半年就又因故解散。形容自己與畫畫的關係就如同青梅竹馬的Bon並不氣餒，繼續亂搞角色，引人發笑，仍然是他夢想路上的不變法則。

**Bon**

2006 成立Bon，T恤為主要商品。
　　　參與簡單生活節。

2007 創意商店寄售及
　　　百貨臨時櫃位販售。

2008 減少參加市集，改以網路及
　　　通路販售。參與簡單生活節。

2009 加入Paintrack集合品牌，
　　　但半年內解散。

2010 持續推出新作，累積更多能量
　　　往開店夢想前進。

# 認真要笨的品牌

## 徹底亂來居然也行
## 台北不來梅

"We are serious to make it funny." 這樣的口號或許看起來很笨，但是有個品牌就是這麼認真的在要笨！

誠品地攤→創意市集→百貨進櫃。用十二個字就說完了台北不來梅的品牌故事。誤打誤撞從地攤以上進展到品牌未滿，創作者米奇鰻最大的堅持，就是只做想做的事，到近乎任性的地步。惡搞標誌貼紙，是他無心插柳柳橙汁的意外產物，本來只是米奇鰻在往漫畫之路上前進的次世代產品，卻意外的擊中人們心中的甜蜜點！一張貼紙一口飯地幫助著米奇鰻，從擺地攤開始到獲得政府補助赴日修練漫畫課程，猶如七龍珠裡的元氣玉般，集結眾人力量的真實都市傳奇。

自嘲得了一種不畫圖就會死的病，米奇鰻為數驚人的筆記本裡除了畫滿各種生活瑣碎情節，更紀錄了他一股憨膽闖天下所踏遍的許多國際展售經驗與心得。貧窮搵門的性格清楚反映在他的經營哲學上，於是當有人出錢送他去進修最愛的漫畫，即使完全不會日文，就算用通靈術他也要努力感應吸收昂貴的智慧。

不求巨大的成長，只希望莫忘初衷可以一直保持這種心情畫到天荒地老。米奇鰻的終身目標就是任性快樂活到老，並給後輩們一條奇怪的新路：「連米奇鰻這麼亂來都能混下去，我沒道理做不到！」

台北不來梅　米奇鰻

2006 被某已故百貨倒貨款相當帥氣！
2007 商品開始在全球被仿冒，
　　　入圍就是一種肯定。
2008 國際青年創意創業家獎
　　　台灣區優勝，自稱走向國際。
　　　參與簡單生活節。
2009 信義誠品進櫃、基層戰鬥員個展、
　　　主持米奇鰻鰻來廣播節目。

用設計呈現
台灣的美

散漫也是一種生活態度

# Frogfree.com

　　frogfree.com這個網站與品牌是由蛙大所創立的，透過這個網站，蛙大每年都會發表不同的攝影創作主題。這些創作多半來自於台灣各地的影像，不論是攀登百岳、單車環島或是踏遍台灣各個鄉村角落，蛙大藉由攝影、文字與設計，將台灣各種不同風貌的美呈現出來。

　　這些作品經過了蛙大團隊的設計與巧思，結合了環保的精神，製作成了可重複利用的桌曆、明信片等相關商品，蛙大透過了這些商品不但傳達了eyeTaiwan的精神理念，他原本只是「想要散漫過日子」的生活態度，沒想到居然延伸成一種品牌風格，也間接行銷了台灣的美。

　　從這幾年蛙大的成績單上不難看出這種散漫卻有作為的成效。2009年發表的「蛙大在散漫」，讓一趟美麗又悠閒的花東之旅，鼓舞了許多讀者放慢腳步，到處去看看這片美麗的土地。

　　對於品牌，蛙大並沒有太多刻意的規劃，也並不太認真的經營。但他們堅持用台灣的影像，透過玩樂的精神，傳達散漫過日子的理念。希望大家不要過份用力地過生活，也不要只拚了命在工作，這塊土地上，需要更多懂玩樂、也愛冒險的人，去發現各地的驚喜，這樣才能讓台灣動起來。

frogfree 蛙大

2006 挑戰台灣百岳攀登
　　 （蛙大成了「山岳攝影達人」）。
　　 參與簡單生活節。
2007 蛙大台灣單車環島
　　 （蛙大成了「單車環島達人」）。
2008 蛙咖啡松江店成立，
　　 frogfree.com工作室成立。
　　 參與簡單生活節。
2009 蛙咖啡八里店Bike成立，
　　 「蛙大在散漫」作品發表
　　 （蛙大成了「散漫代言人」）。
2010 台灣稻香味作品發表
　　 （蛙大成了「稻香代言人」）。

Urban

# Simple Life

穿梭在人文鮮花盛開的花園裡，
兩天的舞台、小巷、市場、書房、市集畫面
可能給你365天的力量和一個新的可能。

簡單現場
Simple Days

感動，是對心臟最好的運動！

# 純淨市場
# Pure Market

**實踐夢想的人與故事，嚴選台灣純淨品牌，堆砌一個夢想園地。**

**EJay 純淨市場策展人**

大概不會有太多人反對，這是個慌亂而經常令人不知所措的年代；也可能會有不少人認同，我們太常置身在盲目追求卻又停不下腳步的都市框架中。尤其在台北這個幾乎人人時間不夠用的城市中，可以看到人群聚集的地方或理由，除了幾處帶著嚴肅歷史或政治背景的建物，就是商業氣息濃厚的大樓或購物商場，我們其實太多沒有機會，從人的身上，去看到更多生活的深度，或更多生命的不同選擇。

純淨市場是這樣開始的。我們希望找出更多簡單生活的實踐家，並且創造一個值得渴望的生活場景。

於是經過幾個月的尋覓，以及三天的就地漸漸長成，原本就很有氣味但空蕩的華山東二館，突然間充滿動人的生命。

2006年的純淨市場裡，劉力學先生特別栽種的有機蔬菜，加上我們刻意搭造的木座田埂，讓許多都市裡的大人小孩，感受到或坐或走於稻田間，並且能品嚐有機蔬菜之清甜的難得經驗。而用悠閒的速度走一圈，你則會經過薑田、竹林、打穀場景，以及具現代設計感的優質米店等等，讓人很想一一探究的故事與空間。

2008年底，純淨市場再次成為可以落實的簡單生活節主題，「這塊土地上有故事的人、有溫度與情感的品牌」則是我們為它下的附註。

然而我們的條件不在內容的絕對，而是在某種情感的堅持。堅持手工、堅持無毒有機、堅持品質、堅持環保、堅持不複雜的設計、堅持品味的單純美好……所有參與者用不同的創作與經營語彙，說明「堅持」造就了他們生活中的簡單。這裡沒有非怎樣不可的嚴謹規則，所以整個市場自由但有關聯性地冒出了小花園、秧苗小徑、芒草店鋪，以及散落其中各種可愛迷人的設計小店，走累了，更可以隨性在咖啡座廣場裡找個位置坐下來，不被時間追趕的欣賞一段手工吉他的精彩現場演出。

走進這樣一個容易與自己貼近，與別人互動的市場，一個不小心，我們就會陷入「下週末還要再來」的念頭中……

某一種平靜和諧的感動，讓大家在這裡不由自主地開心微笑，並且真誠地交流相識，因為在這裡，「做喜歡的事，讓喜歡的事有價值」不只是個口號，而是純淨市場內每一個品牌精神實踐者的真實生活。

不是試吃，
是品嚐！

# 歌詠收穫
# Praise the harvest

打動你的是那顆良善愛土地的心，
也照顧到了你的身體。

EJay 純淨市場策展人

在2008年簡單生活的眾多主題規劃中，這是策展人的幸福專區。第一手的動人故事，以及毫無防備的味蕾感動與靈感刺激，當然，因為可以分享，幸福更以倍數增加。

這個主題的規劃之初，出現在「經濟不景氣」成為電視新聞每天必備標題的時節，我們不由得憂心忡忡，是否有人有心情在此刻相信「簡單生活」，並且還有條件與力氣「歌詠收穫」？的確一開始，我們面臨了無比強大的壓力與挑戰，但很快的，我們遇上了吸引我們向前的那道曙光。

當外來的黑心商品相關報導瞬間攻佔所有媒體版面，人們幾乎快像著魔般的對食品的內容與出處開始審慎評估，我們卻安心的知道，台灣其實有愈來愈多人，投注可觀的時間與精力，改變原有的生活模式，重新調整人生的目標，只為生產製造出良善的食材或食品，並且給這塊土地一些溫暖而真實的回饋。除了良心的商品內容，許多默默耕耘中的本土品牌，更有著背後感動人心的經營理念。

百感交集的策展過程中，我看到年輕一代傳承傳統產業，卻用嶄新的態度希望找回大家對「米」的尊重與欣賞；我聽到《春一枝》水果冰棒的故事，竟是源自於創辦人對台灣果農生活困境的不捨，以及希望創造公平交易的決心；我嚐到包裝著水果王國的驕傲、以各種道地台灣水果製成的《在欉紅》果醬，以及花更多時間與成本烘乾、換來更小更醜卻絕對讓人懷念的「每年最不像話的第一朵香菇」……我並空下一個下午的時間，走進位在台北東區的《248農學市集》，驚喜地發現，原來就在這個城市的某個角落，簡單的帳篷桌椅中，有一群人其實正無私的分享這塊土裡帶給他們的甘甜收穫。

兩天的活動很快的結束，這期間所有人與人的互助與交流，我們心存感激。對許多參與者而言，來到簡單生活節是一趟不短的路程，但我們相信，他們不僅與許多新朋友分享了他們的收成，同時一定也帶著滿滿的收穫離開，回到他們實在的簡單生活裡，有更多的鼓勵與感動繼續耕耘。

你有多久，沒有嚐過可以引你微笑，或讓你需要閉上眼睛仔細感受的任何滋味呢？

注意！這裡驚喜
不斷，並有夢想
家出沒！

# 果實小巷
# Fruit's Alley

**嚴選具潛力的年輕創意品牌，**
**結合創意與策展，讓你穿梭在風格小弄。**

**EJay 果實小巷策展人**

「在不分晴雨的環境與氣候下耕耘，在不被理解的孤獨中不斷前進或偶爾後退，我們知道，在經營創意品牌的路上，有個專屬自己的夢想天地，是不曾消失的迷人夢想，所以我們希望創造一處，讓你盡情分享美好收成的果實小巷……」

創意市集在台灣經過近五年的蛻變與累積，部份創作者已在現實考驗下退場，部份仍在其中找尋樂趣或出路，而部份則已找到新的定位，蓄勢待發。但無論走在那一個階段，擁有一家獨特的品牌商店，似乎是大家共有的想像。

於是當「果實小巷」這樣討喜的主題命名確定成為2008年簡單生活節的新鮮內容時，腦中第一時間就開始冒出各種令人興奮的品牌拼圖，並且滿心期待這一個可以專屬於台灣年輕獨立設計品牌的焦點呈現。然而最初選擇只以一段簡單的文字，昭告天下新主題的誕生，並以此吸引潛伏各處的目標族群，但究竟何謂果實小巷，實在難以多作說明。因為那是個魔法般出現了大家就會明白的美好畫面。

不多不少的15個名額，不大也不小的15個空間，從我們的邀約名單，以及從不同管道找上門來的自我推薦者中，經過幾番篩選與排列組合後，我們無比興奮地，將聚光燈投向來自視覺、飾品、金工、公仔角色、工業設計等領域的15個讓人驚艷的創意品牌。

而這張亮眼的品牌名單背後，有著許多耐人尋味的品牌成長故事。有為了持續開店夢想而效法孟母三遷，在挫折環境中越挫越勇的金工設計師；有志同道合的朋友，因為有共鳴的設計與經營理念，而決定一起打拼出一個響亮的未來；更有從創意市集擺攤起步，歷經商品開發、客源拓展等多重震撼教育，外加自我投資出國參展比賽，然後不知不覺中已悄悄累積一票忠實粉絲的市集熟面孔……

他們都是因為堅持與勇氣而走到這裡的夢想家。他們在這裡相遇，並且幾乎在一夜之間布置成型，絕無僅有的果實小巷出現。

當所有招牌掛起來，而人客們在天氣無敵好的下午湧進來，果實小巷比想像中更加令人著迷！入口處便有標誌預告「前方有驚喜！」但是拐個彎，你才發現人潮洶湧，15個店面各有創意特色，所有店主親切熱情，而往來的人帶著某種雀躍或詭異的笑容，突然大家彷彿走在斜角巷裡，讓人身不由己地進入採購開學用品般的單純心境。於是我們提醒你「小心收穫超乎預期！」

也許果實小巷是個只存在兩天的場景，它像是通往霍格華茲魔法學院的九又四分之三月台，我們只是暫時將入口搬到簡單生活節現場。如果你錯過了，或不忍這樣感動的記憶太快消失，讓我們再重複一遍現場標誌刻意置入的這句咒語：「消費美好事物，昇華純真心靈。」然後記得，這些夢想家仍在不同角落持續耕耘，一張名片，一個網址連結，都是你魔法般再與他們相遇的美妙機會。

*Simple Days:*
*Grassland Market*

快樂，
其實是學會浪漫與
現實的創意混搭。

# 草原市集
# Grassland Market

徵選台灣年輕人的手工創意作品，
創造豐富驚喜的購物體驗。

EJay 草原市集策展人

快樂不簡單。而且隨著長大、隨著責任、隨著愈來愈難釐清的自己與別人的期望，快樂愈顯困難。但就在世界以難以追趕的速度不斷往前走去的時候，台灣卻開始有一群充滿創造力的年輕人選擇停下來，聽清楚自己心裡的聲音，並決定投擲青春獨有的勇氣、熱情，以及耐磨耐操的毅力，許給自己實踐夢想所帶來的、無以取代的快樂。

2006年開始成型，並以遍地開花姿態在北、中、南迅速蔓延的「創意市集」，便是這群人創意展現的移動聚落，也是他們共同學習與交流品牌經營的生活課堂。

他們從不同的地方走來，選擇了一個可能有風有雨，甚至不容易得到祝福的場景，作為發表自己設計作品、手感雜貨，甚或生活哲學的平台。對鍾情或倚賴正職工作的人，市集是滿足創作慾望的玩票或過程；而滿懷品牌大夢的族群，則將市集視為商品實驗與測水溫的有效市場，更可能乾脆脫離正規職場，攜家帶眷義無反顧地跟隨著市集環境一路成長，戰戰兢兢，朝著自己才懂的理想走去⋯⋯他們也許個性與背景有極大的差異，但他們的共通點，是擁有一種你認真思考搞不好會忍不住羨慕的快樂。

2006年12月的第一次簡單生活節中，寒風裡的白帳篷內，一百個各具特色的市集攤位讓全場觀眾在醉心於現場音樂演出之外，感受到都會中另一種值得期待的生活驚喜。而兩年過去，2008年簡單生活節裡，座無虛席的「分享書房」中，當瘋遍台灣的Janet眼睛閃著光芒，並搭配她招牌的燦爛微笑，訴說快樂的簡單來自追尋自我的認定與勇氣時，我腦中立即連結的，便是華山戶外草地上，近百個尚未放棄、依舊希望繼續透過自創商品打動人心，同時傳遞自我價值與故事的市集創作者。因為他們清清楚楚地為著自己的選擇而努力。

雖然活動中搭起的帳篷只是短短兩天的臨時舞台，但每一個參與的創作者卻都盡情地以各種方式創造自己在觀眾心目中的印象，無論是透過幽默搞怪的品牌命名（例如「出去痰」）、熟悉卻也意外的商品素材（例如樂高玩具）、讓人佩服的絕妙手工（例如眾多手作布娃），或令人眼睛為之一亮的整體攤位設計（例如會搭配服裝造型的「火柴邦」）⋯⋯甚至，連熱情解說，或者拉客推銷的招式，都匯集成一種市集獨有的迷人氛圍，並在其中，我們發現一種其實可以象徵台灣新生命力的可愛特質。

而我想是因為這樣，讓我去年春天在英國幾個著名的marketplace中遊蕩，卻令自己意外地真實想念起台灣市集的樂趣與精彩。

也許我們沒有似乎處處都有浪漫氣氛的城市場景，但台灣創作者的幸福，在於不同角落還有許多人願意為環境耕耘，並且因為市集的存在，讓他們知道自己並不孤單。而我們其他人的幸福，則在於有那麼多年輕的生命願意冒險，願意違反常規選擇不同的道路，我們看到跳脫框框的勇氣，在這一群人的心頭變成一股令人欣慰的自在與踏實。

因為他們不放棄在冷冽的現實裡保持適當比重的溫暖浪漫，因為他們的每一步都衡量著自我與夢想的距離，更因為他們緊緊握住了最值得實踐的簡單快樂。

青春，
就是用T恤寫
一首愛台灣的詩！

# 輕衫逛街
# T-Shirt Market

## We are what we wear!
把創意畫在衣服上，讓你把夢想穿在身上

EJay 輕衫逛街策展人

2006年的Simple Life，我們第一次在華山東二與中五館間的通道，以竹子和帆布搭起一長排棚架，讓二十幾個通過徵選的T-shirt品牌，首度擁有創意市集之外的專屬空間。活動現場這條街上人群擠爆，完全是個意料之外的畫面，但即時在當時，台灣本土T-shirt創意的精采，卻無疑是我們期待已久的夢想落實。

事隔兩年，輕衫逛街再度以類似的面貌重現簡單生活現場，雖然一波波的人潮畫面一樣令人目瞪口呆，一件件的誘人T-shirt一樣讓觀眾止不住荷包失血，但這個看似只是單純復活的熱絡場面，對我們而言卻是台灣年輕創意之精采已足以引領潮流的最佳印證。

2008年夏天的一趟印尼參訪行程中，於萬隆市舉辦，堪稱亞洲最大潮流服飾展的Kick Festival帶給我很大的衝擊，但真正讓我印象深刻的，不是超過百攤的印尼本土T-shirt品牌的數字，而是幾個熱門品牌商品一上架就馬上被排隊許久的年輕消費者搶購一空的場面。真正接觸到這些品牌背後的年輕設計師，更發現他們憑著令人難以忽略的創意精力與突破挑戰的決心，除了已經讓T-shirt設計成為不容忽視的新興產業，更重要的，是他們已經成功擄獲原本只崇尚國際品牌的年輕族群的忠誠熱愛。

這樣的發展潛力，我們也在愈來愈多的台灣T-shirt品牌上看到。尤其在徵選過程中，一篇篇充滿自信並且各有獨特風格的品牌自我介紹，以及每一件靈感源自這片土地的創意T-shirt，都讓我們忍不住驕傲，欣喜若狂。

We are what we wear! 無論你是熱血的、害羞的、搞怪的、溫柔的，趕緊從以下品牌挑一件最能展現自我魅力的T-shirt，一起創造100%MIT的創意新潮流吧！

以微笑爲出發，
談理想、堅持、
快樂與台北

# 分享書房
# Reading Room

邀請各界的領袖、達人與生活實踐者，
分享對生活體驗與對未來的想像！

Michael

每一屆的簡單生活節，籌備時程都超過六個月，但很多人並不知道，其實在那之前，有很長一段時間，我們都在討論和發想，究竟當屆的簡單生活節，能夠帶給這個地方的人們什麼樣的價值，又能為我們的社會留下些什麼？在探索答案的過程中，我們開始觀察社會各個面相的發展現況，從不同的角度看我們生活工作的地方，衍生出非常大量天馬行空的想法。然後漸漸地，這些想法逐漸沈澱明晰，最後演變成年度的活動主題。是的，2006「做喜歡的事，讓喜歡的事有價值」、2008「Simply Smile」，以及2010「We Are Beautiful.」的主題接著誕生。這些主題型塑了簡單生活節當年將呈現的美學與感受，也影響了在音樂、策展、裝置和美學的溝通。

於是，我們開始問自己下一個問題，在音樂、策展、裝置，呈現創作人的成果之外，我們還有沒有其他的方式，更深入傳遞當年度我們想說的生活價值？於是，就誕生了分享書房論壇。

我們做了一件簡單的事情，搭建出一個有書、有人，可以靜下心期待與體會的空間，用基本的描述勾畫出這一個半小時的主題，剩下的事情，我們選擇雙手奉出，交給所有願意在這裡分享與聆聽的人們。

這從來不是一個新鮮的概念和作法，然而，在想像中這件事最迷人的地方，是當嚴長壽和詹宏志、李宗盛和葉錦添、蔡康永和朱學恆……等與談人在專業面向不同、沒有任何腳本、沒有具體的談論目的、僅單純分享彼此生活和概念的交流時，所能激盪出的火花與共鳴，以及在一個空間中產生的驚奇、風采是讓人無法取代的深刻記憶。

2006年「分享書房」首次舉辦，我們設定了「生活與工作」、「生活與創作」、「生活與旅行」、「生活與設計」等四個主題，邀請各領域的達人前來分享。和其他論壇不同的是，在這個地方，我們看見的，不是企業領袖、廣告大師、音樂製作人、電視創意人、學院領袖的正式談話，他們都暫時放下自己在專業領域中的身份，直指生活中的點滴。輕聲發言的，其實是和我們一樣生活工作和努力的人，面對自己選擇生命的方式與過程，以及在這個過程中發生的種種迷惑、思索、決定、與力行。於是，他們與現場聆聽的觀眾產生的神奇的化學連結，所有的人，開始閱讀自己的生活。

一開始，我們有點擔心這個只有樸素裝飾，沒有演出的空間，是否能將人們從充滿聽覺與視覺樂趣的音樂舞台和市場市集，吸引到這個相對靜態、只有對談的空間。兩天內，四場超過滿座的論壇，給了一個令人驚訝和感動的答案。四場論壇的安排的數百座椅竟遠遠不足，更有人專程為了參加論壇購買雙日聯票。我們看見，他們安靜地或站或坐，聆聽和參與每一場論壇，帶著感動的眼神與滿足的微笑。

我們發現，原來這個城市，充滿著追求分享與閱讀生命的靈魂。

創
造
音
樂
感
動
自
由
的
天
空
舞
台

# 天空舞台
# Sky Stage

**天空下的歌聲遼闊，**
**Unplugged 的音樂感動！**

張培仁 **簡單生活節發起人** ╳ 阿凱 **1976 主唱**

張培仁：其實我們一直很憂慮，之後每一次的簡單生活節，都會需要邀請適合的音樂人在大舞台上演出；而華人音樂市場上，有沒有這麼多適合的人？這也是我們會把Simple Life設定為兩年一次的原因。一方面不希望重複性太高，另一方面也擔心節目安排沒有那麼多新意。

阿凱：雙年展的型式，除了讓表演者的重複性降低之外，音樂自在徵選舞台的創作新人，也比較有換血的可能。

張培仁：天空舞台是簡單生活節最大的舞台，在藝人邀請上，必須有一些從「indie」走到「major」的創作人。因此一方面讓天空舞台更有樂趣，另一方面，也算是對優秀的新音樂人的鼓勵。

　　06年，天空舞台兩天的開場，分別是當時剛剛竄起的兩組優秀創作人，蘇打綠與張懸。在那之後，他們也的確成為華人流行音樂一股新興的力量，而且支持群眾急速增加，這叫人非常開心。

　　08年的天空舞台，我們安排上一屆在綠意舞台轟動爆滿整個綠意舞台的兩支樂團Tizzy Bac與1976擔任開場。對於從綠意舞台上到天空舞台，阿凱你個人有什麼樣的感覺？

阿凱：天空舞台應該是我們唱過場面最大的一個舞台了吧。我想我們還是用很平常的心態，好好表演。不過這次偶像劇出身的邱澤，加入擔任吉他手。

張培仁：我看到他跟你們走在一起的時候，可以感受出他對能夠與1976一起同台表演這件事情的快樂，你可以看出他眼神中那種

「I'm a Rock Star」的快樂感，還是我過度解讀？

阿凱：我感覺是，偶像不再只是偶像而已，外表好看、帥的偶像藝人，他還是有自己的風格特色，也有其他內在精采的才華，這也算是一種主流跟另類間界線打破的模式。

張培仁：盧廣仲第一年在微風舞台，當時因為舞台的關係，還沒有受到很大的矚目。

　　兩年之後，廣仲在流行音樂市場上，似乎不再只是一個彈吉他唱歌的簡單歌手，相對的，是他那種簡單所創造的音樂性，易懂又獨樹一幟，讓大眾很快的接受而且喜愛。

阿凱：盧廣仲的表演形式很容易讓大家都快樂起來，快樂是很重要的元素，我覺得這也是簡單生活節希望感染給每一個人的情緒。

張培仁：蔡健雅兩年前在大舞台的表演，音樂編排與表演上所表現的嚴謹與完整，已經嚇到我們每個人了。

　　經過兩年後再次上到天空舞台，她選擇只搭配一個吉他手的演出，非常簡單，可是卻非常迷人。我認為，這兩年她從個唱的經驗，再加上金曲獎的肯定，讓她在表現音樂性上，非常有自信地掌握純粹又簡單的配置，這是非常叫人佩服的。

阿凱：每次看她專心地把表演做好、把音樂做好、上台的時候很投入也很enjoy自己的演出。然後下台之後，找一個地方很專心地看別人的演出……真的是一個很美好的音樂人。

阿凱：08年方大同幾乎可以說是萬眾矚目的焦點之一，因為他表現Soul的音樂性可說是華人傳奇。在華人音樂圈，一向都覺得是比

較沒人可以詮釋的，而他可以用華語很自然的表現R&B跟Soul，對香港甚至於整個華人流行音樂圈來說，是獨一無二的。

張培仁：李宗盛也讚譽方大同說他有一個老靈魂，認為他根本是生在Motown。具有老靈魂跟黑骨頭的華人靈魂樂創作人，光想到這點，就會覺得這個歌手真的是非常奇妙。

阿凱：08年簡單生活節可以一次邀請到兩大英倫搖滾的傳奇人物Jarvis Cocker和Brett Anderson，我個人覺得是非常非常不可思議。這種卡司通常到英國Reading或者日本Fuji Rock都不一定可以見得到。而且，Pulp與Suede傳聞是兩個有你無我的團體。這次據說他們都很隨和，可能是單飛了的關係。Brett Anderson是90年代紅透半邊天的麂皮Suede合唱團的主唱。1999年本來要來台灣辦演唱會，但是就在他們來台前幾天，台灣發生921地震，讓演唱會被迫取消。2006

年開始，Brett Anderson正式單飛，發行個人創作專輯。他歌詞創作的詩意與故事描述手法，依然迷人，但整體變得更加深沉且充滿省思。

Brett Anderson在天空舞台的演出，主要搭配一個女大提琴手，加上鋼琴與木吉他自彈自唱，尤其他把過去經典歌曲，以acoustic方式呈現，讓老歌迷回味，也讓新歌迷好好認識一下這位90年代英倫搖滾的偶像傳奇人物。

張培仁：我對90年代的英倫搖滾也許不是那麼熟悉，但Suede大名是如雷貫耳的。而我必須承認，第一次看他的表演，我徹底被他歌聲中的穿透力，給震撼到，我想我要開始喜歡他了。

相較於Suede，我對Pulp這個團體是比較陌生的，所以我看到Jarvis Cocker演唱時怪異的肢體跟手勢，說真的有吃驚了一下，他表演都是這樣嗎？

阿凱：他的肢體表演是很怪，他的動作跟手勢，就好像鉤子一樣勾住觀眾的感官，然後跟著就滑進入他的音樂故事裡。看一些英倫搖滾歌手的表演，例如Blur、Robin Williams……他們在台上也會有些怪怪的表演，但前提還是「帥」；英倫搖滾一定要帥。但Jarvis不是，他是小人物的那種，興致一來，要揮動手，要扭動頭，沒有任何動作或手勢是設計過的，都是他隨興而致，唱到哪哩情緒就到哪裡。

張培仁：聽阿凱說完，我總算有點了解，為什麼那麼多音樂人都衝著他而來。

阿凱：Pulp是來自英國一個工業城鎮

Sheffield。Sheffield會贊助本地的樂團，Pulp就是受贊助的樂團之一。也因此，他在媒體上一直都是以一個小人物自居，我覺得很像周星馳電影裡頭描繪的人物。他很多歌，都是描寫小人物的心情。而他本人也是一個性格非常真實的人，不包裝也不做作耍帥，跟傳統英倫搖滾的偶像姿態完全不一樣。他的歌詞，主要都寫平凡人生的小故事。他大部分的表演跟音樂，都有一種藍領跟工業城鎮的風格。

張培仁：這種從小人物、Loser出發的人生哲學與音樂態度，的確是非常吸引人。接觸他本人後，發現他還是個很謙遜的人。

他從頭到尾都很隨性，沒有商務艙沒關係，後台休息室的要求也很簡單。來信還說，請我們不要太把他當一回事，他是因為很愛音樂才來唱。

表演當天，他發高燒到四十度，我們都緊張死了，到處找醫生。他說，別擔心，我從來不會取消演出。跟她合唱一首歌的乃文說，Jarvis Cocker是她碰過全世界最Nice的人。

顯然他生活就是那樣表現，很自然，不覺得自己有多屌，所以表現就是這麼自然。

張培仁：壓軸的陳綺貞，從我一個認識她很多年的人來講，她可能是最早從操作一個獨立品牌、獨立作業、用小眾支持逐漸擴散，成為巨星的一個成功例子。

陳綺貞最早，還沒有出唱片之前，先發一張「九份的咖啡廳」單曲。帶著一把吉他，自由隨興地到處走唱，然後慢慢形成自己一種獨特的風格與群眾基礎。

接下來的專輯，幾乎是沒什麼宣傳，就賣了八萬張，第一週就是所有排行榜冠軍。從此之後，她就知道「安靜地做自己的音樂，分享自己的哲學跟美學。」這跟過去詩人的人生哲學，其實是一樣的。

從98年到現在十年過去了，她在舞台上的自信，還有蛻變出來的美麗、自在，以及與群眾的關係……她一點一滴累積對自我的堅持，讓她找到平衡點，這個平衡點就是「把自己的靈魂做好，其他一切就會有高度」，這是令我非常感動的。

阿凱：第二屆另一個壓軸是蘇打綠。他們邀請林憶蓮擔任嘉賓演出，一起演唱了夢田，兩個Super Diva同台，實在很棒。而且我聽說主唱青峰後來安可再上台時，激動地都哭了。

張培仁：青峰最後的激動，我可以理解，因為他們平常的表演，會玩得很High，但是那天，他們整個表演都跟平常表演的形式不一樣，是特別設計過的，非常用心，我認為是非常不容易。完成一個很精緻又美好的演出，他們自己一定都很感動。

最後，我想我們都覺得，民謠的定義，已經開始變得更寬鬆更廣泛了吧！其實就是我們的生活方式，我們的生活色彩。過去在主流媒體可能不會被突顯的東西，卻是台灣最主要的創作力量，甚至已經有巨大的影響力在慢慢發酵。

希望未來Simple Life簡單生活節能夠不斷讓這樣的場景重現，當然我們更希望這樣的概念能夠日常化，成為一個我們生活裡，每天都能擁有的場景。

跨界與融合驚喜
滿溢的綠意舞台

## 綠意舞台
## Green Stage

**華人經典創作音樂植物綠意中的 live 體驗**

張培仁 簡單生活節發起人 ✕ 阿凱 1976 主唱

張培仁：兩屆經驗下來，綠意舞台節目安排，的確比較有明確的風格區隔。雖然我們沒有強調它，但是這種區隔的共識與默契，成爲我們規劃時的主軸。例如：徐佳瑩＋蘇通達、許如芸＋秀秀，以及彭靖惠的爵士。我們一直反覆檢查，最後眞的覺得除非換一個主題，不然，已經「can not do better」了。

阿凱：我很同意。我們不是只把一堆名人擺在一起，每段節目都有考慮風格氣味。

　08年活動兩天都由「風和日麗」旗下的音樂人來開場，這個主意滿有意思的，我希望這種模式，還可以再繼續，也算是對獨立廠牌的一種支持。

張培仁：「風和日麗」這個廠牌，是我個人認爲這幾年最理想的廠牌之一。它很清淡，但是它做出來的音樂幾乎可以說是無國界的。

　大陸很多年輕人聽他們的音樂，只是我們在台灣比較不知道它的影響力。而我個人也非常喜歡熊寶貝、929、Nylas、黃玠……這些音樂人。

張培仁：08年的綠意舞台還邀請了indie創作的一些音樂人。大眾可能對他們不是很熟悉，但是她們對台灣當代創作音樂，有獨特的時代標誌跟意義。例如許哲珮、自然捲、魏如萱、史辰蘭……

阿凱：二度邀請到大家可能很陌生的史辰蘭，她的性格有點冷峻，但是音樂很迷人。我甚至跟她敲通告都有點畏懼，因爲可能她自己也都很掙扎要不要把自己放到舞台上去。先不論音樂跟表演的形態，我覺得眞正的Rock Star，如果感性那一面那麼強大，應該就是像史辰蘭這樣，敏感、冷冽，而且不會去想討好觀眾之類的事情。

張培仁：我跟史辰蘭是藝專同學。她的確是個很細緻又很敏感的人。是不是有名，是不是被更多人知道，這些問題她似乎從來不考慮。其實講起來，我們都希望遇到那種不太熱衷去取悅別人的音樂人，每次遇到這樣他們，我都會覺得自己骯髒（笑）。

阿凱：另一個特別的安排，是英倫搖滾風的對應。當大舞台有Brett Anderson, Jarvis Cocker的時候，綠意相對就有回聲跟拾參樂團。剛好這兩個團，都算是有受到英倫搖滾影響與啓蒙的樂團。

張培仁：從我在台灣音樂界工作三十年，我碰到過的迷人場景很多，但是印象深刻的，是Vibe那五年期間，董事長、四分衛、五月天、三腳貓、廢五金、迷幻幼稚園、瓢蟲……對我來講，當時獨立樂團的創意、風格的那種豐盛性，有些奇妙。你怎麼看當時的狀況？

阿凱：我其實也是同一時期，秀秀大我一兩歲、鍾成虎、生祥、馬念先，我們大學時期就認識了，當時的大專搖滾聯盟都會去Vibe，無論對Vibe出現之前就在玩團的瓢蟲、骨肉皮、甜梅號，或是Vibe出現之後的樂團而言，雖然大家聽的、玩得風格不太一樣，但那裡就是一個玩團的人，可以混、又可以給自己刺激的地方。

張培仁：我每次看到某些類似Vibe的場景，就很強烈的渴望自己回到23歲。

　你這一代，是解嚴後的第一代，大約是1974年前後出生。1987解嚴後，資訊開始大量流入，媒體開放，1995年左右你們大概都

20歲左右,在那個時候大量資訊注入導致對現有的音樂環境的不滿,並開始找尋自己的音樂態度,形成現在的多元面貌。

雖然現在看起來還是鬆散,但可能某些地方是集中的,英倫搖滾、Urban Folk……

阿凱:與葉雲平在聊流行音樂100,發現1995年後列入名單中的樂團,例如糯米團、五月天、自然捲等等,這些在當時都算是一起混的,常聊到在表演之外,以後可以一起做什麼?樂團要怎麼玩下去?

張培仁:我非常羨慕你們這一代。因為我那個年代的樂團,還是以唱Cover Song為主。現在做流行音樂的主力,創作、創意都是你們這個世代為主。這一股under ground的力量,並沒有因為傳統市場衰退或全球化等等任何原因被消滅,反而因為這些挑戰,而顯得更加強烈。

阿凱:我們年輕時,最酷的音樂有兩種:一種是Grunge,象徵性人物就是Nirvana,但是他很年輕就死了,那時我們才17-8歲。在此之後,就是Oasis, Blur, Radio Head……所以,對我們這一代來說,音樂的啟蒙都是英搖。

阿凱:節目安排的時候,都很希望能針對不同時段與不同舞台,做出不同群眾的區隔。不過回想起來,我們一開始對於某些邀請名單,好像討論蠻久的;例如徐佳瑩。

張培仁:我其實很久以前就想找徐佳瑩來演出了。第一次見到她,是她參加星光大道前大約一年左右。她給人第一眼的感覺,是天真而且極熱愛創作的,看得出她很想唱歌,也有很多故事要講。

尤其看她的歌詞特別有樂趣,有一種特別的詩意,屬於她獨有的口語化、卻又豐富的東西。

後來她參加了星光大道,難免必須以綜藝的方式去呈現,讓人有種衝突與排斥的感受。徐佳瑩的創作是來自台中一個護士的生活背景,擁有很真實文字與曲調,這就是迷人之處了。

她老師阿打(蘇通達)編排的音樂非常有水準,再加上她的服裝、還有舞台上的自在,都是我原先想像不到的,我被她美好的演出給嚇了一大跳。

阿凱：綠意舞台還有一個很特別的表演，是彭靖惠。大眾對她印象可能很淡，甚至有人已經不認識她。她爲了想學探戈，包包揹了就一個人跑去阿根廷生活三個月，音樂感受就被薰陶，所以後來能夠唱很棒的 Basa Nova。

張培仁：08年綠意舞台兩天的壓軸，安排的是阿嶽跟陳昇。不過我一開始還是擔心他們欲罷不能，尤其是陳昇。不過出乎意料的，他這次表演話說得少，經典老歌一首一首地唱，接近尾聲的時候，我有點擔憂，因爲觀眾擠到外面，我在後台趁他轉過來的時候跟他說不要再唱了；現在說出這一段，觀眾可能很恨我（笑）。

阿凱：阿嶽的 acoustic 是眞的很不錯，最後歌迷也跳上去唱，我覺得非常有意思。

張培仁：綠意舞台第一年分別由1976與 Tizzy Bac 擔綱壓軸，而兩團還各自加入了一位主流音樂人；1976加了蘇慧倫，Tizzy Bac 加了范瑋琪。現場觀眾的反應是非常強烈的，當時我們完全沒有考量所謂「indie 與主流間傳統的界線」這件事情。阿凱你當時的感受是什麼？

阿凱：Tizzy Bac 本身在表演跟創作方面都掌握的非常精準，除此之外，主唱惠婷有一種獨特的酷，別人學不來的。我記得她和范范兩個人都是古典派出身，一起彈鋼琴的畫面，一個 cool，一個很 warm，反而在舞台上撞出火花。

雖然一般大眾對於獨立樂團（尤其是受英倫搖滾影響巨大的這一代）的想像上，可能覺得我們應該會不屑與主流合作之類的，但我覺得其實還好耶，當時還蠻開心有那樣的機會可以一起表演。畢竟你的音樂跟想法，才是最重要的。

張培仁：的確，我贊同你所說的。以前的流行音樂，常常有主流跟非主流的界線，其實我們已經很明確面對到「另類是主流」這個可能性。也因此在表演上，主流與非主流共同演出，這樣的跨界碰撞，一定有它的驚喜。事實上，這兩者間的界線正在溶解。

阿凱：我認爲綠意舞台所呈現的，對整個簡單生活節來說，有達到一種「呼吸」的效能；它讓觀眾有流動、讓音樂也有流動。所以未來的可能性還很多，讓我人十分期待。

自由與開闊
詩意的微風舞台

微風舞台
**Breeze Stage**

**微風吹撫的原音舞台，躺在草地上聽音樂**

張培仁 **簡單生活節發起人** ✕ 阿凱 **1976主唱**

張培仁：當我們在想綠意舞台的氛圍時，想像的畫面，是比較溫暖、比較詩意、有一點知青的味道；而微風舞台呈現的是自由、開闊，以及來自大自然聲音的感受。整體來說，08年節目安排有比較理想一點。再加上舞台設計這次也比較費心思，前前後後改了五六個版，花了一個半月才確定，最後加上了流動飄逸感的布幕，讓微風舞台成為一個很有味道、有個性的舞台。

阿凱：微風舞台的感覺真的很棒，很多音樂人都很開心。我覺得08年微風舞台的秀，安排的剛剛好，呈現出一種奇妙的感受。

張培仁：微風舞台跟綠意舞台這兩者之間要怎麼區隔，我不太能夠言喻。但我們在安排的時候，好像很自然的就有一種氛圍在；比如說我們排昊恩家家、巴奈、圖騰在微風舞台，是因為很容易就可以想像那個畫面，它是很開闊、很自然，而且接近天地之間的氣氛。

阿凱：這幾組音樂人上一次都在綠意舞台，但在戶外開闊的微風舞台，的確是更適合他們。老天賞臉，天氣好，現場看見每個人都躺在草地上，平靜舒服地聽著音樂，這畫面真的是太叫人愉快了。我記得圖騰的Suming當天一唱完就趕去台中，參加金馬獎，晚上我就收到他簡訊說，他得到金馬獎最佳新人獎。

張培仁：08年沒有把張懸安排在天空舞台，而是安排在微風舞台，其實是有仔細想過跟討論過的。我認為張懸一路以來，其實都不是太喜愛主流的行銷模式，雖然她已經擁有很穩定的群眾基礎跟市場，也有很大一群支持者。

阿凱：的確，我認為張懸一直都有屬於自己的

風格特性，還有某種堅持與不妥協，讓她一直都不把自己當做主流歌手，確實讓人很難決定到底該安排在天空舞台還是微風舞台。

張培仁：擺在天空，我認為她的秀會顯得小。當她不是Priority秀的時候，她就不會把自己變成非常「秀」的形態。她還是自在的表演形式最迷人、最有特色。

擺在微風舞台，我相信她會有比較自在的表現。我現在還是覺得這個決定是對的，而確實，我看見她在微風舞台的表演，是非常動人又有獨特魅力的。

阿凱：她跟珊妮的合作非常有意思。我們沒有人預料到會有那麼多觀眾湧入那個舞台，所以看到觀眾蠢蠢欲動地拼命往那邊擠，真是把我們都嚇壞了。有點怕她跟珊妮在舞台上說什麼煽動的話，或做什麼煽動的舉動，讓觀眾往前衝的話，那真的很危險。

張培仁：張懸與珊妮那段表演，很美、很迷人。這就是做音樂節快樂的地方，總會有些平常看不到的東西冒出來，這點的確讓人非常愉快。

此外，我覺得可以請到生祥與大竹研，也是非常榮幸的。

大概所有音樂人都會尊重的，很少有人不認同他們的音樂性吧。

阿凱：這次微風舞台邀請香港的Pixel Toy來演出，我覺得是蠻特別的一個嘗試。Indie House是electro pop類型中很重要的一派；而Pixel Toy則是Indie House類型裡頗為重要的音樂人。台灣擅長這樣類型的音樂人比較少，所以可以觀摩Pixel Toy是一個很不錯的經驗。

張培仁：簡單生活節第一年，邀請陳奕迅來天空舞台演出，當時他很激動，我陪著他到處逛、到處買東西。這次同樣來自香港的方大同與Pixel Toy，不知道他們的感受如何。台灣比較知性、比較搖滾，也有一種從反叛轉換為自在的味道。香港比較電、比較entertainment。

除了音樂人，這次還有有許多來自香港的觀光客，都是特別來參加簡單生活節的。我看了幾篇香港觀眾回去寫的Blog，看得出他們都非常快樂興奮。我想，這已經算是一種城市與城市間的交流了吧。

唱自己的歌
音樂自在舞台

## 音樂自在舞台
# Music of Freedom

**徵選台灣新秀創作樂團，
呈現年輕音樂創作的清新力量！**

張培仁 **簡單生活節發起人** ✕ 阿凱 **1976主唱**

張培仁：「音樂自在」這個舞台的表演者，都是透過Streetvoice.com徵選脫穎而出的。第二屆超過兩百組報名，六百首歌曲……短短幾年，我們看見台灣做音樂的年輕人，越來越多，創作水準越來越高。評審聽得驚艷，選得痛苦，因為每一個作品都很棒。這個舞台雖然沒有大明星，但是驚喜程度，不輸其他任何一個邀演舞台。

阿凱：的確，台灣從事音樂創作的人，越來越多。這幾年在海邊卡夫卡表演的音樂人，跟他們的作品，都可以明顯感受到驚人的創作能量，好像春天的新芽般，茂盛綻放。

張培仁：「音樂自在」兩次的徵選，在形式上也不太一樣。

2006年，非常focus在urban folk；2008年，報名的音樂已經發展出跨界形式的作品，可以說，生活裡有的音樂，都已經慢慢包容進來，看來我們對Simple Life的解釋已經漸漸寬了。第一年決賽時，大多數參賽者是一把吉他就上台了，到了第二年，各種元素都跑進來，在音樂性與表現形式上，都成熟許多。

阿凱：我記得像是Monkey Pilot／猴子飛行員，全團每個人玩團資歷幾乎都超過十年。主唱Tony組過好幾個團，Bass手是前糯米糰的成員余光耀，其中一個吉他手是刺客的楊聲錚，鼓手也是打過很多主流歌手演唱會的王昱人。

他們的樂風比較偏重的搖滾團，但是用acoustic方式演出，重量感還是有，但不是靠強烈的beat，而且音樂還是非常好。

其實我認為acoustic本來就不一定是Folk，對Monkey Pilot來說，Funk就是他們的Folk。我之前就聽過他們的音樂，非常

地棒。

張培仁：以他們的資歷來報名徵選，應該讓許多參加徵選的人，壓力都很大。據說決賽當天，有幾個團的樂手，都是楊聲錚跟余光耀的學生，師生同台競爭，應該也算是一種有趣的交流。

張培仁：另一個我認為很特別的是大囍門。他們是一個很資深的饒舌團體，幾年前也發過專輯。這次他們用比較Funky的形式做Rap，出乎意料的非常好聽。Simple Life當天，大囍門雖然還是表演了幾首純Hip Hop的歌，但是，整體上是值得肯定的；一個Hip Hop團願意改變音樂形式與表演方式來參加完全不同類型的表演徵選，其實就可以看出Simple Life從Folk蔓延到各種音樂可能性的樂趣。也恭喜他們在2010年獲得了金曲獎的肯定。

阿凱：的確，年輕人對於Simple Life與Urban Folk都有他們自己的定義。如果跟現在做音樂的年輕人說，「民謠音樂只有acoustic」，他們會覺得很怪；因為Turn Table很可能是他的acoustic。例如StayCool，我們可能很難去跟他們解釋Simple Life是什麼，那不如StayCool你來告訴我們你的Simple Life是什麼。用你的音樂來表達你的想法，我相信我們都會懂，而事實上我們也都很喜歡。

有一個第一年也入選的團，老爹（路易十六條柴。呦）說她要唱一首翻唱歌，結果她唱了一首香頌，非常有意思。她是個外表跟講話都很童趣，但音樂很有意思，想法很難捉摸的小女生。

張培仁：整體來看，06年Simple Life徵選的作品，在錄音品質與作品成熟度方面，聽得出來大家都還在摸索，經驗還不太夠，創作也還不成熟。到了08年Simple Life時，最明顯的差異，就是錄音品質普遍都成熟了。而創作方面，從形式、編曲、到演奏，也都呈現出多元而豐富的面貌。

阿凱：所以評選的時候真的很痛苦，水準之上的好作品也非常多，因此在評選上，評審間的標準，變得很難訂定。我記得第一階段是最痛苦的，因為有200多個報名的音樂者（團），總共有600多首歌曲，要從這麼龐大數量的音樂中，選出20團來進入決選，真的非常難抉擇。

張培仁：真的非常難。而選出最後決賽的20團，是從所有評審給分最高的，依序往下選，也就是從「評審群共識中最好的」來評選。但是，這所謂「最好的」，並不是指其他沒被選上的不好，極有可能是你所報名徵選的歌不適合，或者錄音的品質影響了聽覺的感覺，都有可能。

我必須承認，我算是1.0的世代在做2.0的事情，偶爾會用1.0的腦筋來判斷事情；1.0的腦筋就是在聽的時候，會去考慮「哪一種是大眾的比較能接受的」，2.0的腦筋的是，「我在做我自己喜歡的」；所以，風格特殊，我聽起來也喜歡的，我可能就會覺得很不錯。這兩者之間往往會有些矛盾，所以也不一定就是絕對的判斷標準。

不過，我想最後入選的團，都是一時之選了。他們也證明自己的確有實力，因為他現場表演，都非常好。沒有入選的團，下一次還是有機會繼續來參加的。

# 黑手日記
# Q & A

你告訴我有哪一件事不困難？

**簡單生活節幕後工作人員甘苦快答**

---

**Q1 過程中，最困難的事？**

Ejay：把事情變得簡單。

Nia：在沒有時間的時間裡搶時間、叫老大起床。

小旭：要想出最簡單，又有創意的設計；等鬍鬚張的改稿、定稿。

小親：不斷被更改的通告時間。

大華：主辦單位虛幻籠統的構想，要化成實際的舞台。

文玲：彩排時間有限，但又需滿足各組藝人的需求。

宏宇：百分之90的會議與工作都在晚間12點後才可能到齊執行。

孟欣：需要早起的時候。

阿C：裝台裝到天昏地暗，活動兩天雜事做不完，活動半夜結束後，隔天場地要驗收。

阿舌：說服老外來台演出。

阿吱：你告訴我有哪一件事不困難？

家可：把一張張A4上面的待辦事項全部劃掉；忙死人的時候要耐心溫柔的回留言板。

**Q2 過程中，最難忘的事？**

Nia：進錄音室錄廣告；活動第二天是我生日，我爸媽帶蛋糕來探班很窩心。

小旭：一晚喝了5瓶蜆精，真有威力。

小親：帶中孝介台北走透透。

文玲：還沒sound check完，警察大大就來關電源啦。

功儒：接到贊助確認電話的那一刻。

卡拉：我的海報上康熙來了，而且一整集。

立菁：掃地撿垃圾竟然撿到一座金馬獎！

宏宇：我的機車後車輪蓋被老闆坐垮了，但到現在為止，老闆都還不知道。

做喜歡的事　讓喜歡的事有價值

2006 Urban

# Simple Life

7-ELEVEN. Presents URBAN SIMPLE LIFE FESTIVAL

Sky Stage
天空舞台

Green House Live
綠意舞台

Breeze Park
微風舞台

Simple Market
純淨市場

Reading Room
分享書房

Street Market
街頭市集

T-Shirt Market
輕衫遊戲

Private Moment
私密生活

Air Cafe
露天咖啡

Light Food Court
地蔬餐歌

Music of Freedom
音樂田田

你 夢 想 中 的 生 活 與 音 樂 節

12月2.3日 台北 華山

更多資訊購上 www.7-11.com.tw · www.SimpleLifeTW.com
最佳音樂創意入口 www.streetvoice.com

2008 Urban
# Simple
# Life
URBAN SIMPLE LIFE FESTIVAL
做喜歡的事 過喜歡的生活價值

## 2008 簡單生活節
12月6/7日 台北 華山

阿C：阿C老師～救命啊，趕快過來抓蛇！

阿舌：開車載生病的Jarvis Cocker回飯店。

麥可：一個不認識的國際廣告公司高層經理光
聽就愛上這個活動，並且全家都買票。

然婷：有人跟我說加油後，馬上大哭。

**Q3 過程中，最快樂的事？**

Ejay：聽到廠商說：「我願意。」

小旭：大家稱讚我的作品，猴耶～

小黑：老媽、家人及朋友從宜蘭台北新竹桃
園……等地趕來熱情支持。

小覦：看見「不來特安德森」從我面前走過。

卡拉：知道自己原來屬於簡單生活的形象，這
個微笑得到了大家的認同。

立蒨：分享者親自跟我說：「謝謝妳細心的安排
和照顧，今天的活動很順利喔！」

阿舌：看見群眾運動魅力的所在。

阿吱：趁亂提的海報概念通過，拍出來大家滿
意；打消老闆做第二版海報的念頭。

建利：老闆講完想法之後，我再很狠地打擊之
後，是最快樂的事。

然婷：假裝觀眾跟著一起大聲唱歌。

**Q4 希望來簡單生活的人，得到什麼感受？**

Nia：瞭解台灣也有很棒的文化與生命力。

小黑：歡笑、自在、無拘束。

小覦：參加活動的人，臉上微笑的表情。

大中： 這是屬於台北冬季一個有溫度的聚會。

立菁： 一群用心的工作團隊所創造感動。

阿舌： No music no life.

阿吱： 「我下次還要來。」

阿良： 值回票價、舒服輕快、內容精采又貼心，下次一定還要來，哈！

阿凱： 有能量作自己想要作的事，例如好好包一個偉大的餃子。

陸君： 開心舒服，處處是驚喜。

麥可： 「說不定我也可以像我看到的品牌和創作人一樣每天認真、用心、滿足、快樂。」

然婷： 追求生活的熱情。

## Q5 活動後你有什麼意外的收穫？

Ejay： 收到創作者特別製作的小禮物。

Nia： 我爸媽來到現場，了解我所做的一切。

小黑： 親情友情的珍貴相挺；Team work的強大力量。

大中： 認識了更多的朋友，不管是演出者、工作人員以及觀眾。

立菁： 身邊的師長及朋友，陸續告訴我說他們都有來簡單生活節。

采延： 瘦了三公斤！

阿C： 認識了很多新朋友，在他們眼中，原來我們已經邁入了中生代。

阿吱： 塞滿「鮮米粒」的冰箱。

阿良： 發現爸爸偷偷叫我妹參加簡單生活節。

陸君： 滿臉青春痘。

麥可： 可以在辦公室座位間騎腳踏車然後腳不離地。

然婷： 被PTT合購板板主浸水桶。

## Q6 過程中印象最深的MSN暱稱是什麼？

Ejay： 「我不在家，就在前往簡單生活節的路上」

Nia： 「彌留中」

小麒： 「台北最不簡單的兩天」

大中： 「連月亮都在微笑」

卡拉： 「螞蟻們已經悄悄的在前往華山了呢」

孟欣： 「Smile」、「Smile」、「Smile」

采延： 「把電腦搞掛之外，也要把自己搞掛」

阿C： 「簡單生活節是我痛苦而甜蜜的負荷」

阿吱： 「Simple Life, Simply Smile」

阿良： 「Simply Smile 已經笑不出來了」

馬哥： 「慢一點，讓囧男孩追上你」

然婷： 「2008簡單生活節，有誰要買票」

# WE ARE BEAUTIFUL.

**Simple Life** 2010 Urban

做喜歡的事 讓喜歡的事有價值

2010 簡單生活節
12月4.5日／台北 華山

**感謝名單**


指導單位　行政院文化建設委員會、行政院新聞局、台北市文化局

企業贊助　7-ELEVEn、永豐銀行、捷安特、Master Card、BenQ、無印良品、Starbucks、
黑松汽水、Fin、UNI water、AB優酪乳、茶裏王、Coors LIGHT、Wrangler、
中華電信、博士倫、柔情

合作夥伴　統一超商整合行銷部、華山1914創意園區、Lee Guitars、數位時代、大塊文化、
Shopping Design、凱絡媒體、芬達整合行銷、城邦出版、CNEX、亞都麗緻飯店集團、
禾浩設計、KKBOX、YOYOROCK、msn、PAYEASY、PChome、痞客邦、博客來、
伊林模特兒、放肆玩、中華航空、玫瑰大眾、台灣音樂文化國際交流協會、克莉絲汀花卉、
荻生文藝基金會、蘋果日報、爽報、三立電視台、中天電視台、飛碟電台、
GOLD FM 90.1、Hit FM聯播網、中台灣電台、亞洲電台、Pop Radio、IC之音、ICRT、
中廣iLike、La Vie、誠品書店、台灣高鐵、功學社音樂中心、雙燕樂器、雄獅旅遊

指導參與　1976阿凱、Janet、Justin、王文華、王治平、王偉忠、王榮文、王福怡、布拉德、安郁茜、
曲家瑞、朱　平、朱劍輝、朱學恆、吳逸文、吳蒙惠、李宗盛、李　烈、李清志、李　鼎、
林正如、林暐哲、查爾斯、孫大偉、祝驪文、翁嘉銘、郝明義、高意靜、張鐵志、梁岱琦、
陳綺貞、傅鉛文、曾煥哲、賀陳旦、鈕承澤、黃一晉、黃子佼、黃海鳴、黃健和、黃韻玲、
黃麗燕、楊久穎、楊淑鈴、葉雲平、葉錦添、董運昌、詩　琪、詹宏志、詹偉雄、賈敏恕、
廖咸浩、劉維公、劉鴻徽、蔣雅淇、蔣顯斌、蔡康永、蔡敏敏、謝婉萍、鍾成虎、韓良露、
魏德聖、嚴長壽(以上依姓名筆劃排列)


以及所有參與演出歌手與樂團、參展品牌

工作人員　張培仁、陳正倫、馬天宗、陳功儒、黃靜波、徐世芸、曾昭人、巫敏琪、鐘寶珠、陸君萍、
　　　　　王鵬淩、陳弘樹、郭慈琴、黃以成、蔣安靖、陳建利、陳彥豪、邱千紋、褚伊哲、鄭繼文、
　　　　　陳宏宇、余佳蓓、鄭麗甄、陳怡如、劉薰寧、黃致瑋、程詩良、陳柏任、周玫芳、鍾庭菲、
　　　　　林佳曄、孫志文、徐柏嘉、李宜璇、孫京甫、李然婷、陳怡親、蔡孟欣、王國信、吳滋慧、
　　　　　曾亭蓁、吳洧騏、林函潔、沈瑋婷、黃竹齡、薛景元、吳金美、張慧玉、林佩茹、曾明賢、
　　　　　胡宏鋒、林英鳳、劉榮鳳、游家惠、蕭伊倩、邱佳駒、方其珍、溫　成、王雅萍、廖愈麟、
　　　　　戴緯寧、梁若萍

製作協力　天空藍 / 張文玲 / 朱建仲 / 張亞蘭、0513/ 陳皇旭、Free's/ 二馬 / 大華、
　　　　　城鎮舞台 / 蔣啓聰 / 蔣宜辰、立楊文化有限公司 / 楊再熙 / 林宗南 / 李立菁、奇蹟光影、
　　　　　MOSU 王詠億、比爾賈、issa、堯子、Lovpes/ 吳兆鈞、York、Small、葛大中、藍振軍、
　　　　　音匠 / 吳榮宗、Baboo、陳至勇、吳逸文、聲揚事業有限公司 / 徐采廷、Mox&Eye、
　　　　　小福專業國際印刷有限公司、王繹強、陳泰陞、陳怡君、徐慧利、馬詩瑀、黃依華、小個、
　　　　　盧國邦、黃信鴻、黃文信、黑皮、樂林燈光、博飛音響、穩立音響、成陽、鴻洲電力、
　　　　　駿鵬輸出、美帛展覽、月球工作室 /mox/ 張耕毓 / 詹異智

本書參與　劉鴻徵、嚴長壽、詹偉雄、劉維公、李宗盛、安郁茜、蔣雅淇、陳綺貞、1976阿凱、
　　　　　張嘉行、李美瑜、楊宏光、黃威融、林瓊書、楊儒門、王玉萍、游智維、舒米恩、何孟修、
　　　　　米奇鰻、游聲堯與鄭伊婷、Winner Yang、希洛、凡璇與 Yellow、frogfree 蛙大、
　　　　　雅雯與雅嵐、Peggy 與大錦、Erik 與 Mavis、大荷、陳喬泓、思豪與子瑜、星爸與朝宇、
　　　　　顧瑋、朱嘉琳、春一枝李先生與李太太、壽益爸爸與麗姬媽媽、陳思伶、黃文志、邱啓審、
　　　　　0416 與木京杉、大猴與小猴、ajin 與 second

國家圖書館出版品預行編目

簡單生活的寧靜革命 / 王鵬淩、EJay、陳怡如編著. -- 初版.
-- 臺北市 : 大塊文化, 2010.11　面 ;　公分. -- (catch ; 170)
ISBN 978-986-213-211-1(平裝)
1.簡化生活 2.生活指導

192.5　　　　　　99020610

LOCUS

LOCUS